JN302008

インテリアの基礎知識シリーズ　The Basics Series for Interior Design

インテリアデザインの基礎知識

内堀繁生・中村嘉樹 著
UCHIBORI Shigeo　NAKAMURA Yoshiki

The Basics of Interior Design

鹿島出版会

まえがき

　近年わが国では、生活文化と人びとの生活意識の多様性、都市化された暮らし方など、その状況をふまえて居住環境がさらなる高度化への傾向を強めている。

　インテリアデザインの分野でも、それらに対応した住文化についての認識と、新しい設計テクニックの創出、安全で人間性豊かな内部空間の演出、そして心地よいデザイン性の向上などが求められている。デザイン性が豊かでインテリアが心地よいというのは、感性的に満足するということで、住まう人の心理や情緒にぴったり合ったインテリアに美意識を感じるということではないだろうか。

　本書は、インテリアデザイニングの展開、内部空間と内装仕上げのデザイン性、技術的な構法とインテリアディテールなどに関しての基礎知識を総合的に解説した本である。ちなみにインテリアの基礎知識シリーズには、本書を含めて4冊の図書がある。

　この本が、建築家、インテリアデザイナー、インテリアコーディネーターとして学ぶ若い人たちの参考書として、また大学その他において、デザイン教育に携わる先生方の教材として、役立たせていただければ幸いである。

　本書をまとめるにあたり、鹿島出版会の相川幸二さんには終始ご尽力をいただき心より感謝申し上げたい。

2010年冬　内堀繁生

目　次

まえがき

第1章　インテリアデザイン……………………………1
1.1　インテリアの展開ーーーーーーーーーー2
1.2　インテリアの構成ーーーーーーーーーー4
1.3　インテリアの空間ーーーーーーーーーー4
1.4　インテリアのイメージーーーーーーーー6
1.5　インテリアエレメントーーーーーーーー10
1.6　インテリアの室内環境ーーーーーーーー21

第2章　インテリアのデザイン性能……………………33
2.1　インテリア部位のデザイン性能ーーーー34
2.2　インテリア材料の性能ーーーーーーーー37
2.3　インテリアの内装仕上げーーーーーーー38
2.4　インテリア材料のソフトデザインとハードデザインーー38
2.5　インテリア仕上げ材の選択ーーーーーー41

第3章　インテリアの仕上げ材料………………………45
3.1　インテリア仕上げ材の種類ーーーーーー46
　3.1.1　木材と木質材料ーーーーーーーーー46
　3.1.2　織物、テキスタイルーーーーーーー51
　3.1.3　カーペットーーーーーーーーーーー53
　3.1.4　壁装材（壁紙）ーーーーーーーーー62
　3.1.5　れんがーーーーーーーーーーーーー70
　3.1.6　陶磁器質タイルーーーーーーーーー73

3.1.7　石、人造石	78
3.1.8　金属	84
3.1.9　ガラス	86
3.1.10　プラスチック	91
3.1.11　塗り壁材料、吹付け材料、塗装材料	94
3.1.12　断熱材料、吸音材料	98
3.2　開口部材	101
3.2.1　木製建具	101
3.2.2　金属製建具	104
3.2.3　樹脂製建具	104

第4章　インテリア仕上げの施工 … 105

4.1　インテリアの床仕上げ	106
4.2　インテリアの壁仕上げ	123
4.3　インテリアの天井仕上げ	145

第5章　インテリアのリフォームと維持管理 … 153

5.1　インテリアのリフォーム	154
5.2　インテリア仕上げの維持管理	156
5.3　バスルームの維持管理	161

第6章　インテリアの法規 … 163

6.1　外壁の窓、ガラリや出入口の開口	164
6.2　建物内の仕切り壁の規定	166
6.3　一般構造	167

第1章　インテリアデザイン

1.1　インテリアの展開

　今日のインテリアデザインでは、多様化した現代生活にふさわしく、使いやすく機能的な生活空間を構成することに加えて、内容豊かなデザイン演出がいかに計画されているかが重要である。つまり、生活を文化的に向上させ、機能的で快適なインテリア空間を演出することが大切であると考えられている。

　住宅のインテリアが生活のために機能するには、パブリックゾーン（公的空間）とプライベート空間（私的空間）が合理的に平面計画（間取り）されていることが重要である。また、リビングルームをはじめとするパブリックゾーンは十分な広さを確保して空間的なゆとりをもたせることが大切であり、寝室などのプライベートゾーンにおいてもそれぞれ独立した生活をするにふさわしい広さをもつことが必要となる。

　つまり、各室の平面的な「接続関係」と空間的な「規模」が、住まう人の生活動線や行動に沿って計画されていることが重要視される。さらに、室内が明るくデザイン性のよい内装仕上げで構成され、使いやすい家具や設備機器が用途や使用目的に見合って装備されていることが要件である。

写真1.1　インテリアへのアプローチ

住まいの計画では、心地よいインテリア空間がエントランスホールからリビングルームその他の居室へ連続してつながり、各室は窓からの明るい光とともに外部の植栽や景観などが楽しく採り込まれることが望ましく、トータルな色彩計画のもとに優しい内装仕上げとすることが肝要である。

　さらに、インテリア空間が生活のために機能するためには、家具、テキスタイル、照明、アートワークなどのインテリアエレメントと、設備機器などの備品を整える必要がある。

　インテリアの用途や使用目的にあった椅子、テーブル、照明器具を使いやすく配置し、タペストリーや絵画、写真を壁に掛け、観葉植物、草花などを効果的に装備することによって、インテリアのデザイン性が複合化し、さらによい雰囲気の生活空間を演出することができる。

写真1.2　インテリアへの展開

1.2 インテリアの構成

インテリアデザインでは、まず空間要素である床、壁、天井、開口部などの内装仕上げを行い、ついで採光、照明、空調、衛生設備などの室内環境を整える。さらに色彩計画とともに家具、ウインドウトリートメントなどのインテリアエレメントを装備してトータルにコーディネートすることにより、住まうための生活空間を構成することができる。

人が住まうための生活空間は、次の三つの要素により構成されている。

①床、壁、天井、開口部などで仕切られた「インテリア空間」（1.3参照）
②生活の道具としてインテリアに装備される家具、照明、カーテン、カーペットなどの「インテリアエレメント」（1.5参照）
③健康な生活を保つためのきれいな空気や衛生設備などの「室内環境」（1.6参照）

1.3 インテリアの空間

1.3.1 インテリアの平面（間取り）

インテリアでは、居室の大きさや広さと間取り、出入口など開口部との位置関係、つまり平面計画が大切な要件として重要視される。さらに、居室の明るさ、仕上げ計画、色彩計画も重要な要素となってくる。

出入口を人の動きや動線上有利な場所に設けると、椅子やテーブルなどの家具を、人の動きや居室の用途にしたがって配置することができる。明るさについては、特に窓からの自然採光は生活におよぼす影響が大きく、インテリアにもたらす効果とあわせて考慮する必要があり、また照明計画は家具配置と関連して検討することが肝要である。

写真1.3 プライベートダイニングラウンジ ［ホテル日航福岡新館チャペル"ブリエール" 内装設計／インテリアデザイン＝㈱イリア 写真＝馬場祥光］

1.3.2 インテリアの仕上げ

インテリアの仕上げは、その居室の用途や使用目的、ライフスタイルにあった内装仕上げにすることが大切である。リビングの床仕上げには、足が直接触れる床性能として、足に優しい触覚性を考慮することが望ましい。一般の居室にはフローリングやカーペット敷きの仕上げが多く、サニタリーセクションなど水回りの部屋にはタイル貼りの床が多い。

壁面の仕上げは視覚性を重視し、見た目に美しい仕上げが望ましいが、一般の居室には壁紙貼りが多く用いられる。その他、木目貼り、塗装、塗り壁などの仕上げがある。

天井面の仕上げは、明るい色調にすると室内の光をよく反射する。また、吸音性のよい仕上げにすることも大切な事柄である。

1.4 インテリアのイメージ

　通常、インテリアのデザインは、感覚や雰囲気などその場のフィーリングで善し悪しを判断することが多いが、一般にいわれる生活空間のイメージは、その人の生活意識、趣味、価値観、時代感覚、年齢などによって大きく左右され、影響されることが多い。したがって、インテリアのデザインイメージは、使う人、集う人の感性とニーズ、使用目的に適合していることが望ましい。

　デザインのイメージには、わが国の伝統的な和風様式、折衷、モダン、クラシック、カジュアルなどがあるが、その類例と特徴を簡単に整理すると以下のようになる。

・モダン、コンテンポラリー

　現代的なスタイルや色で統一されたデザインイメージ。装飾を排したシンプルな形で統一したものやシックなカラーリングで統一されたものなど、知的でややハードなデザインイメージ。

写真1.4　モダン、コンテンポラリーなレセプションエリア

写真1.5　モダン、コンテンポラリーなオフィスラウンジ

・クラシック

　貴族的な香りのする古典的西洋様式のデザインイメージ。ギリシャ・ローマの古典からロマネスク、ゴシック、ルネッサンス、バロック、ロココ、新古典主義など、広い範囲の歴史・様式的なデザインイメージ。

写真1.6　クラシックなホテルラウンジ

・カジュアル

　格式ばらず、気取らず、さりげないソフトなデザインイメージ。素材感のあるナチュラルなイメージや、軽快なカラーリングのスポーティなイメージ、くつろぎや癒しを表すおだやかで優しいデザインイメージ。

写真1.7　カジュアルなリビングルーム

・トラディショナル

　伝統的なデザイン。知的でややハードな印象を与えるデザインイメージ。重厚でどちらかというと男性的な印象を与える。

写真1.8　トラディショナルなインテリア　［ホテル日航福岡新館チャペル"ブリエール"　内装設計／インテリアデザイン＝㈱イリア　写真＝馬場祥光］

・オリエンタル

　日本を含む様々なアジアの様式で、東南アジアやバリなどのリゾートに通じるイメージから、インド、中東アジアの宗教色を感じさせるイメージまで幅広い。日本においては一般的には和風といわれるが、数寄屋風、民家・田舎家風などがある。

写真1.9　オリエンタルなロビー　[湯けむりの庄　内装設計／インテリアデザイン＝㈱イリア　写真＝湯浅弘二]

・ヨーロピアン

　西洋的なデザイン。一般的にエレガントでロマンティックな印象を与えるデザインイメージ、どちらかいうと女性的な印象を与える。

写真1.10　ヨーロピアンなホテル階段ホール　[同左頁]

1.4　インテリアのイメージ　　9

・ミックス、ハイタッチ

　それぞれの様式を折衷させたデザイン。異なる時代や文化を融合させ、ミックスしたデザイン。現代生活にあうようにミックスし、アレンジしたものも多い。

写真1.11　ミックス、ハイタッチなレストラン
[千疋屋総本店　内装設計／インテリアデザイン＝㈱イリア　写真＝馬場祥光]

1.5　インテリアエレメント

　インテリアに椅子やテーブルなどの家具をレイアウトし、窓にカーテンなどを掛けることによって、はじめてそのインテリアが生活する空間となる。インテリアに配置したり、備えつけたりして、生活に役立てる室内装備品を総称してインテリアエレメント（interior element）と呼んでいる。

　インテリアエレメントには、建具、家具、照明器具、カーテン、カーペット、壁装材、アートワーク、グリーンインテリアなどの種類がある。これらは、インテリアの主要な要素として機能するだけでなく、同時にインテリアデザインにとって重要なデザイン演出のエレメントとなる。以下に各エレメントについて説明する。

写真1.12 インテリアエレメントとアクセサリーでコーディネートされたインテリア
[当間高原リゾート　ホテル・ベルナティオ　内装設計／インテリアデザイン＝㈱イリア　写真＝ナカサ＆パートナーズ]

1.5.1 建具

　内外部の出入口や窓など、開口部に取り付ける可動式の扉やドアなどを建具と総称している。

　内部扉など出入口の建具は、間仕切り壁に建て付け、人の出入りや物の搬出入に利用する。窓の建具は、外部の眺望を採り入れ、採光、換気をコントロールし、騒音や熱を遮断する役割を果たしている。

　建具は実用面ではつねに動かして使うので、選択するうえでは以下の点に留意する。
①軽くて動かしやすいこと
②ハンドルや施錠の操作がしやすいこと
③インテリアに好影響をもたらすようなデザインにすること

　建具の種類は、構成する材料により「木製建具」と「金属製建具」に大別される。木造建築の伝統をもつわが国では、住まいの成立ちとともに、出入口には木製建具が多く使われてきた。板戸から、格子戸、ふすま、光を採り入れる障子などに発展し、現在もフラッシュ戸、ガラスなどをはめ込んだ框戸とともに、内外部

の建具として多く利用されている。

　金属製建具には、アルミ製、鋼製、ステンレス製などがある。アルミ製建具は、一般の窓や浴室など耐候性や耐水性が要求される出入口や窓に使われる。規格化されたアルミサッシは大量生産によって品質が安定しており、特に機密性が高く、断熱効果による暖冷房に有利な建具である。鋼製建具は、集合住宅の玄関扉などの防災上の要求から使用されることが多い。ステンレス製建具は、さらに耐食性に優れているので外部や腐食が特に心配される部分に使用されている。

1.5.2　家具

　家具はインテリアデザインの主役ともいえるもので、インテリアエレメントの中では最も人に身近なものである。現代のライフスタイルで基本的な生活用具として使用されている椅子やテーブルは、何よりも美しく使い心地よく、機能的であることが大切である。同時に、生活空間に配置されたとき、回りのインテリアに美しい雰囲気をもたらすようなイメージや、デザイン面での優秀さも重要になる。

　家具を機能的に分類すると、以下のように大別される。

(1) 椅子、ソファー類（腰をかけるもの）

　アームチェア、サイドチェア、ソファー、カウチ、ベンチ、スツール、スタッキングチェア、ホールディングチェア、ロッキングチェアなど。

(2) テーブル、デスク類（机上で作業するもの）

　ダイニングテーブル、コーヒーテーブル、サイドテーブル、ミーティングテーブル、デスク、サイドデスクなど。

(3) ベッド類（横になり寝るもの）

　ベッド（シングル、ダブル、キングサイズ、クイーンサイズ）、二段ベッド、ベビーベッド、ソファーベッド、フォールディングベッドなど。

(4) 収納家具類（衣類や生活用具をしまうもの）

　クローゼット、書棚、食器棚、箪笥、飾り棚、収納ユニットなど。
　住まいのインテリアにおいては、以下のような種類の家具が居

写真1.13
アームチェア（デザイン／オットー・ワーグナー）

室ごとに用いられる。家具デザインは用途別、様式別、使用材料などにより多種多様で、それらをどのように配置、レイアウトするかが大切な要件となってくる。

・玄関、エントランスホール
　げた箱、傘立て、コートクローゼット、飾り棚、花台
・居間、リビングルーム
　ソファー、アームチェア、スツール、コーヒーテーブル、サイドテーブル、飾り棚、TVボード
・食堂、ダイニングルーム
　ダイニングテーブル、ダイニングチェア、食器棚、サービスワゴン
・寝室、ベッドルーム
　ベッド（シングル、ダブル）、クローゼット、箪笥、鏡台、スツール
・書斎
　デスク、サイドデスク、デスクチェア、書棚
・子供室
　ベッド（シングル、二段ベッド）、デスク、デスクチェア、書棚、クローゼット
・洗面所
　スツール、化粧台
・和室
　座椅子、座卓、座布団、衣桁、箪笥、座布団
・屋外
　ベンチ、テーブル、チェア、プランターボックス、遊具

　家具は、日常生活に必要不可欠な道具として使用されているが、ライフスタイルや年齢によっても、使用される家具の種類やサイズが異なることがある。使う人の好みや趣味によって種類やデザインが選ばれ、使う人の身長や体重によってもサイズに大きく影響することがある。たとえば、家具の中でも身体を直接支える椅子類では、座面の高さ、奥行、背もたれの位置などは、身長に適合した機能的な寸法でつくられていることが望ましい。それぞれの家具についての標準寸法など、機能的性能の基準がJIS（日本

写真1.14
リビングのTVボード

工業規格）によって定められている。

1.5.3 照明器具

　照明の目的は、作業のために適度な明るさをもたらし、豊かな生活ができるような空間演出をすることにある。室内の明るさは、昼間は窓からの採光によって得られるが、夜間には人工の光によって得なければならない。照明の光は、インテリアの形、陰影、色の表情などを視覚認知させることができて、生活を楽しませることができる。

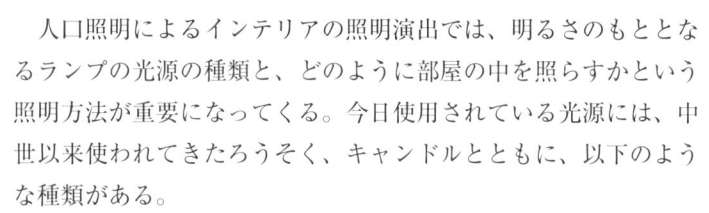

　人口照明によるインテリアの照明演出では、明るさのもととなるランプの光源の種類と、どのように部屋の中を照らすかという照明方法が重要になってくる。今日使用されている光源には、中世以来使われてきたろうそく、キャンドルとともに、以下のような種類がある。

写真1.15
ペンダント（デザイン／ポール・ヘニングセン）

(1) 白熱灯

　温かさと色を美しく見せる演色性をもつため、くつろぎの演出を重視する住宅の場合に多く用いられる。点滅が多いとランプの寿命が縮むが、調光を自由に制御できる特徴をもつ。一般白熱電球のほか、封入するガスの種類により、ハロゲン電球、クリプトン電球、キセノン電球などがある。

(2) 蛍光灯

　効率よく光を拡散するため、一般的光源として公共空間で多く利用されている。低電力で連続点灯時間が長いため、地球温暖化対策、環境保護の観点からその用途は広がっている。形状による種類（直管型、コンパクト型、電球型など）、色による種類（昼光色、白色、電球色など）がある。

(3) HIDランプ（High Intensity Discharge Lamp）

　高圧水銀ランプ、メタルハライドランプ、高圧ナトリウムランプなどの総称で、光の量が多く効率がよいのでロビー、アトリウム、体育館、工場など天井の高い施設や、駐車場、広場、公園、街路などの屋外で使用される。点灯後に最高照度に至るまで時間がかかる。

(4) LEDランプ（Light Emitting Diode）

発光ダイオードとも呼ばれ、電気を流すと発光する半導体の一種。寿命が長く低電力であるため、今後蛍光灯とともに環境保全の観点から用途は広がるであろう。さらに高輝度で調光も自由にでき、器具も小型化できる。紫外線や赤外線を含まない光を得られるため、美術館や熱を避けたい場合に利用できる。

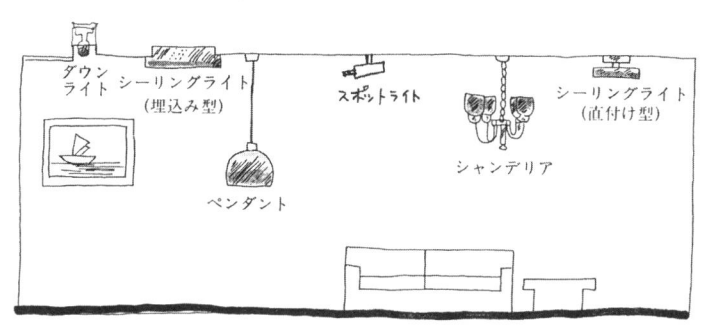

図1.1　天井からの照明器具

図1.2　壁からの照明器具

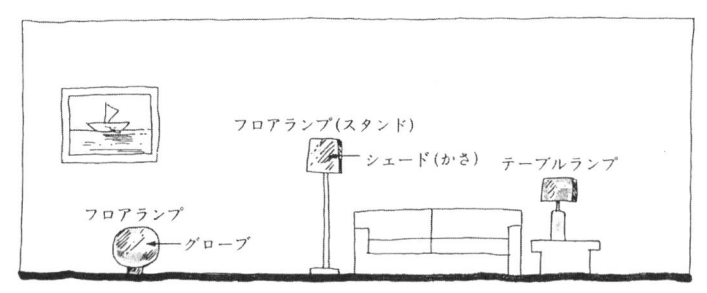

図1.3　置き型の照明器具

1.5　インテリアエレメント

照明計画に際しては、各室の用途に対応した光源の特徴を考慮して、照明器具を選ぶことが重要である。また、デザイン性とともに、省エネを意識した光源の選択が望ましい。照明器具の設置位置とその用途は以下のように大別される（図1.1～3）。
①室内全体を明るくするために天井に取り付ける器具
②室内に陰影を照らし出すために壁に取り付ける器具
③局部的に手元を明るくするために床や卓上に置き型として設置する器具

写真1.16　カミノリーオホテル入口の間接照明

　照明方法には、室内全体を均等に明るくする目的の全般照明と、作業する手元を明るくする局部照明とがある。
　また、光源からの光を直射する照明器具あるいは照明方法を直接照明といい、光源の光を壁や天井などに当て反射を利用する照明器具あるいは照明方法を間接照明という。直接照明は、効率はよいがグレアなどの問題が起きやすく、間接照明は影のないやわらかい雰囲気を演出できるが効率は悪くなる。
　なお、住宅の明るさについては、各部屋の照度基準がJISによって定められている（1.6.1参照）。

1.5.4　カーペット

　現代の生活空間、特に住まいにおいては、カーペットはフローリングなどの木質系床材と並んで必要不可欠な床仕上げ材となっている。カーペット敷きの床は足触りがよく快適で安全、また、物理的には保温効果が大きく、室内発生音も適度に吸収する性能をもっている。装飾的なインテリア効果も非常に大きく、織物としてのやわらかな風合いが優しく和やかな雰囲気をつくり、色や柄によって華やかさも演出することができる。

写真1.17
リビングのカーペット
wall to wall

　カーペットの素材は、ウール、コットン、シルクなどの自然素材と、ナイロン、レーヨン、アクリル、ポリプロピレンなどの化学繊維素材に大別される。表面の仕上げは、パイル糸をやわらかく切り揃えたカットタイプ、パイル糸を切らずに織り込んだままのループタイプ、カットパイルとループパイルを用いて柄模様を描出したカット＆ループタイプがある。
　製法上の分類としては手織り製品と機械製品とがある（3.1.3

参照）。
(1) 手織り製品
最高品質と評価されている手織り緞通がある。
(2) 機械製品
a. 織りカーペット
縦横の糸でパイル糸を織り込んだもの。ウィルトンカーペットは機械織りの典型ともいわれ、丈夫で耐久性もよく、品質的な信頼も厚い。アキスミンスターカーペットは、豊富な色数を使って複雑でデリケートな模様を描出できる。

b. 刺繍カーペット
基布にパイル糸を刺繍したもの。タフテッドカーペットは製造スピードが早く、大量生産が可能、比較的ローコストで供給されているため、住宅をはじめオフィス空間では現在最も広く使用されている。

c. フェルトカーペット
フェルト繊維をニードルで打ち込みプレス成型したもの。ニードルパンチカーペットは無地しかないが、安価で施工が簡単なので適用範囲が広い。

d. タイルカーペット
500×500 mm、400×400 mm などに、タイル状に精密裁断したもの。オフィス空間で多用され、表面は主にタフテッドカーペットで、裏は塩化ビニル（PVC）などで多重積層してバッキング加工したもの。簡単にはく離交換できる化学糊で床に直接接着するため、レイアウト変更に対応する部分的なはく離や再敷きこみがきわめて容易である。

1.5.5 ウインドウトリートメント
カーテンやブラインドは、室内装飾の演出に大変重要なエレメントである。カーテンはインテリアの雰囲気を和らげ窓面を効果的に装飾し、ブラインドはリズミカルな外光をもたらし、現代的な光の演出も可能にしている。これら窓面のエレメントを総称して、ウインドウトリートメントという。

機能的には、プライバシーを確保し、採光の調節や音を吸収す

ることができ、さらには直射日光や熱を遮断し、部屋の保温にも効果的である。

(1) カーテン
　一般的には織布でつくられており、以下の種類がある。

a. ドレープカーテン
　厚地に織った布を用いたカーテンでゆったりとしたドレープ性が特徴である。レースカーテンと併用する。

b. レースカーテン
　細い織糸を用いた透かし編みのもので、通常はドレープカーテンなどと併用する。ドレープカーテンと二重吊りにする場合は、外側にレースカーテンを吊る。

c. ケースメント
　透視性のある装飾性のカーテンで通常一重吊りとする。生地は様々な形状の糸の編織物が多く、モダンなデザインである。

d. 遮光カーテン
　黒糸を中央に織り込んだ三重織りのものと、布地の裏にアクリル樹脂などをコーティング加工したものがある。レースカーテンやブラインドと併用することが多い。

写真1.18　ペンシルプリーツカーテン

(2) ブラインド
　縦型でカーテンのように左右に開閉する「バーチカルブラインド」と、横型で上下開閉の「ベネシアンブラインド」のふたつの形式がある。双方ともブラインドを閉めるとスラット（はね）が重なり合って室内が遮へいされ、完全なプライバシーを得ることができる。また、スラットの開閉によって微妙な採光の調節もできる。

写真1.19　横型ブラインド

(3) その他のウインドウトリートメント
　「ロールブラインド」などのスクリーン類と、「ローマンシェード」などたくし上げ式のシェード類があり、軽快でシンプルなデザインから、カーテンやブラインドとの組合せによる、より装飾性のあるデザインまで幅広い演出が可能となる。

1.5.6　壁紙
　壁装材の代表的なものが「壁紙」で、住宅においては壁装材の

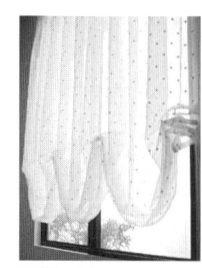

写真1.20　バルーンシェード

写真1.21
壁紙を使用したインテリア

中で最も広く使用されている。壁紙はインテリアデザインでは大変重要なエレメントで、その色や柄などによる視覚的効果、表面テクスチュアによる触覚的効果の面でも室内装飾に欠かせない。

壁装材として「壁紙」を選択する場合、部屋の用途に従って装飾性や機能性を考慮して選ぶことが望ましいのはいうまでもない。また、機能的には丈夫で汚れにくいものが望ましい。以下のような種類がある（3.1.4参照）。

(1) ビニル壁紙

デザインが豊富で、品質、価格、施工性などに優れ、総合的にみて内装仕上げ材の主流である。防カビや汚れ防止性能として、特殊フィルムをラミネートしたものや通気性を考慮したビニル壁紙もある。

(2) 紙壁紙

輸入品が多く、壁紙表面にプリント加工または型押しエンボス加工を施したものが多い。多色物が比較的多く、色の耐候性がよいのが特徴である。

(3) 織物壁紙

素材として綿、麻、絹などの天然繊維やレーヨン、ナイロンなどの合成繊維を用い、独特の風合いとやわらかい質感によって高級感を高め、吸音効果や断熱効果もある。ほかに、台紙に短繊維を植毛したベルベット風のフロック壁紙もある。

(4) その他

木質系壁紙、無機質系壁紙、機能性壁紙などがある。

1.5.7　グリーンインテリア（植栽）

住まいの回りには、生垣、玄関までのアプローチ、庭などに樹木や草花の「緑」を計画する空間があり、それらによって四季の変化の移り変わりを楽しむことができる。また、室内から庭への眺望により、季節ごとの緑や花をインテリアに採り込むこともできる。さらに、インテリア空間にも「緑」をデザインエレメントとして積極的に活用することができる。

グリーンインテリアとは、室内空間において人と自然を結ぶ「緑」の計画であり、樹形、葉の美しさや面白さを鑑賞する「観

写真1.22
リビングのグリーンインテリア

葉植物」や、彩りを添える「草花」が中心となっている。「緑」の配置方法は、インテリア全体で調和のとれた「緑の環境」を演出することが重要である。鉢植えの植物を床や卓上に置いたり、ときには壁掛けや天井から吊るしたりする。

　ただし、グリーンインテリアは、他のエレメントと異なり「生き物」であるということに注意する必要がある。水、温度、採光などの日常の管理や手入れが重要であり、配置場所により種類を選び分けることが肝要である。

1.5.8　アートワーク

　インテリアの床、壁、天井の内装が仕上り、家具や照明器具が配置され、カーペット、ウインドウトリートメント、植栽で色彩計画が整えられたあと、さらに絵画や彫刻などを展示することによって、生活空間によりいっそうの彩りを加えることができる。アートワークとは、視覚的に美しい絵画や彫刻を日常の生活空間に採り入れ、アート感覚の装飾を施すプログラムである。

　アートワークを大別すると、平面アートワークと彫刻などの立体アートワークとがある。

写真1.23
アートワークの入ったインテリア

（1）平面アートワーク

　主として壁に設置されるアートワークで以下の種類がある。

a. タペストリー

　織物の一種で、古くからヨーロッパで壁飾りにされるペルシャ絨毯と呼ばれるものから、現在はテキスタイルデザイナーやアーティストによりデザインされたものまで各種ある。

b. 絵画

　一般的には風景、静物、人物などをモチーフにしたもので、油彩、水彩、日本画などがあり、表現方法も具象、抽象と様々なものがある。テーマや色彩、額縁のデザイン、寸法など、インテリアのイメージに合うものを選ぶことが重要である。

c. 版画

　木版画、銅版画（エッチング）、石版画（リトグラフ）、シルクスクリーンなどの制作方法があり、多量にプリントできるため、安価なものが多い。

写真1.24
インテリアを豊かにする絵画　［モルダン河を望む／内堀克子］

写真1.25 インテリアを豊かにするポスター
[ディビジョン・ジャポネ／トゥルーズ・ロートレック]

写真1.26 アールデコのオーナメント

d. ポスター

　一般的に、視覚的な広告や宣伝媒体であるが、グラフィックデザイナーやアーティストにより制作されたものもあり、アートワークとして利用されることも多い。

e. 写真

　風景、建物、静物、人物など、様々な被写体を捉え、様々な技法により多くの表現が可能になっているが、シンプルな額縁などと合わせて、モダン、コンテンポラリーなインテリアイメージに合わせることが多い。

(2) 立体アートワーク

　主として床置きや、台座、卓上、飾り棚に設置されるアートワーク。古くからある彫刻のほか、ガラス器、陶器、磁器などの生活にかかわるものまで、インテリアのイメージに合わせて素材を選ぶことができる。レリーフとして、壁に掛けるものもある。

1.6　インテリアの室内環境

　インテリアの室内環境は、その土地の気候によって大きく左右される。その要因としては気温、湿度、風、降水などがあり、快適な住居計画の前提条件となっている。環境計画は人の生活に深く関係しており、特に生活に密着した室内環境は快適なインテリア計画には必要不可欠である。インテリアにおいては、以下に述べる光、色、音、空気のそれぞれの環境を整えることによって、快適な生活環境を得ることができる。

1.6.1　光の環境

　室内を明るくするための自然採光や人工照明など、光に関する環境計画には、明るさの量や分布、質、照明方法などが大事な要件となる。

(1) 明るさの量

　光の環境計画の基本は明るさの量の確保で、その指標が照度(単位 lx、ルクス)である。照度には光源からの直接照度と壁や天井からの反射による間接照度とがある。住宅の明るさについては、

各部屋の水平面を中心にした照度の基準値がJISによって定められているので、照明計画では必要照度を定めてからランプの灯数を決めることが望ましい。

一方、人が明るさを感じるうえで、直接関係する輝きの程度を示す指標を輝度（単位cd/㎡）という。外部からの自然採光は、人工照明より変動が大きく照度を基準とはしにくいが、窓やトップライトなど外からの昼光率を室内採光の指標としている。建築基準法により、住宅の居室に必要な窓面積は床面積の1/7以上とされ、トップライトは同じ面積の側窓の3倍の効果があると認められている。

表1.1　JISにおける住宅の照度基準

照度	1500	1000	750	500	300	200	150	100	75	50	30	20	10
居間	(2000〜750：○手芸○裁縫)			○読書○化粧○電話*3		○団らん○娯楽*2			全般				
書斎			○勉強○読書					全般					
子供室・勉強室			○勉強○読書		○遊び		全般						
応接室（洋間）						○テーブル*1○ソファ○飾り棚			全般				
座敷						○座卓*1○床の間			全般				
食堂・台所				○食卓○調理台○流し台			全般						
寝室				○読書○化粧						全般〔2〜1：深夜〕			
浴室・脱衣室				○ひげそり○化粧○洗面		全般							

〔注〕　*1　全般照明の照度に対して局部的に数倍明るい場所をつくることにより，室内に明暗の変化をつくり平坦な照明にならないことを目的とする．
　　　　*2　軽い読書は，娯楽とみなす．
　　　　*3　他の場所でも，これに準ずる．

〔備考〕　1．それぞれの場所の用途に応じて全般照明と局部照明を併用することが望ましい．
　　　　　2．居間・応接室・寝室については調光を可能にすることが望ましい．

(2) 明るさの分布

オフィスなどでは明るさの分布がある程度均一であることが望ましく、明るさに極端な違いがあると、目の順応状態がそのつど変化し、疲れやすくなる。そのための方策として、以下のことが考えられる。

①照明器具の分散配置および高い位置への配置
②間接光の利用
③拡散性の高い照明器具の利用
④反射率が高く、拡散性の強い内装仕上げ材の利用

特に内装仕上げは、輝度分布に関係するので視作業性、印象への影響が大きい。一般的には、部屋の上部ほど反射率を高めて明

写真1.27　均一な明かるさのオフィス

るい色調の仕上げ材にする。

　直射日光や照明器具の光源により、不快感や物の見えにくさを生じさせる「まぶしさ」をグレアといい、目の疲労だけでなく、時には視力低下を引き起こすこともあるため、光源が直接目に入らないような照明の配置と、適切な照明器具を使ってグレアをなくすことが肝要である。

(3) 明るさの質

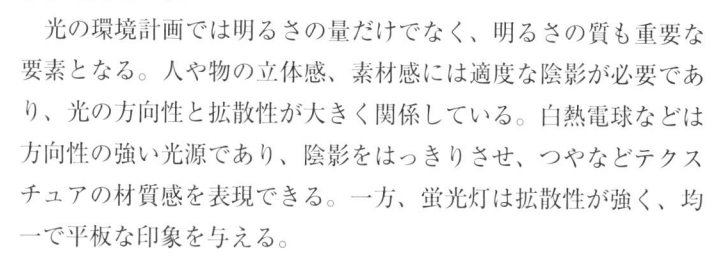

　光の環境計画では明るさの量だけでなく、明るさの質も重要な要素となる。人や物の立体感、素材感には適度な陰影が必要であり、光の方向性と拡散性が大きく関係している。白熱電球などは方向性の強い光源であり、陰影をはっきりさせ、つやなどテクスチュアの材質感を表現できる。一方、蛍光灯は拡散性が強く、均一で平板な印象を与える。

　光の色は温冷感に関係しているため、インテリアの快適性にも大きな影響を与える。光源の色味の指標を色温度（単位K）という。色温度が低→中→高と変化すると、光の色は赤→黄→白→青、光の感じは暖→冷へと変化する。暖かみのある落ち着いた雰囲気には白熱電球などの色温度が低い赤みを帯びた光源、すがすがしく涼しげな雰囲気には色温度の高い青みを帯びた光源を用いると効果的である。

　また、人が認識する物の色は、光源の色によって大きく異なる。食事をする居室では演色性の高い（自然の色の再現性がよい）光源を用い、光の安定性を必要とするアトリエなどでは北側からの拡散光の採光が推奨される。

(4) 照明方法

　部屋全体を均等に明るくする照明方式を全般照明といい、作業をする手元などの一部だけを照射する照明方式を局部照明という。ただし、主として局部照明を利用する場合でも、全般照明による部屋全体の照度を考慮することが必要である。

　光源からの光を直接利用する照明器具、あるいは方式を直接照明という。直接照明は効率こそよいが、グレアなどの問題が起きやすい。光源の光を壁や天井などに当て、その反射を利用する照明器具、あるいは方式を間接照明という。間接照明は影のないや

写真1.28　シーリングライトとペンダント併用のショールーム

わらかい雰囲気を出すことができるが、照明効率は悪くなる。
　照明器具によって生じる各方向の光度（光の強さ）のパターンを配光という。この配光の特性によって照明器具（直接照明、間接照明）を分類する。

1.6.2　色の環境

　人の目に入る可視光線は、波長が紫外線≦400～700nm≦赤外線（1nm：ナノメーター＝1／100万㎜）の範囲にあり、可視光線の色は400～700nmの波長の短い側から紫、青、緑、黄、赤の順に有彩色として人に知覚される。
　1905年、A.H.マンセルは、基本色を色相環としてマンセル表色系に構成した。その後にアメリカ学会が改良した修正マンセル表色系を基本として、わが国では1958年に色の三属性による表示方法をJISにより規格化した。

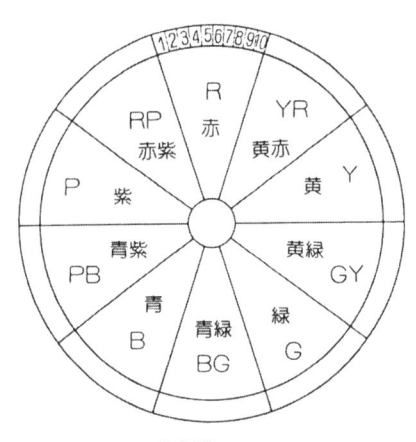

図1.4　マンセル色相環

（1）色彩の視認性
　色には心理的、物理的な特質として次のような要点がある。
a. **物体の色**（目に見える**物体の色**）
・表面色→人、物、インテリア、街並み景観など
　透過色→カラーガラス、ステンドグラス、膜など
b. **表色の方法**
・色相環（マンセルの表色系による色相環）、色立体（マンセル

色立体）
- 色の三属性（色相 Hue、明度 Value、彩度 Chrome）
- 有彩色（紫、青、緑、黄、赤）→彩り
- 無彩色（白、グレー、黒）→明るさ

c. 色の対比と感情効果
- 色の対比（色相対比、明度対比、彩度対比）
- 色の感情効果
  暖色（赤、橙、黄）、寒色（青、青緑）、中性色（緑、紫）
- 派手な色→高明度、高彩度
  地味な色→低明度、低彩度
- 軽い色→明るい色、鮮やかな色
  重い色→暗い色、濁った色
- 陽気な色→寒色より暖色のほうが陽気で、明度、彩度は高いほうが健康的かつ陽気で、黒より白のほうが陽気に感じる。
- 色の具体的、抽象的な連想
  赤色→血、火／情熱、活気
  青色→海、空／冷静、静寂
  紫色→高貴、優雅

d. 色の配置と調和
- 色相における調和には、濃淡による同一色相の調和および対称色相（補色）の調和がある。
- インテリアの色の配置は、明色を上に暗色を下方に配置すると安定する。また、面積が大きいとより明るく、小さいとより暗く見える。大面積（床、壁、天井）は、原則として高明度、低彩度が好ましい。
- 配色の調整は、色相、明度、彩度の共通性、差異性、色相面積比を変えて主従を明確にする。また、強いアクセントカラー（絵画、クッションなど）によって、曖昧さをなくす。さらに、不調和色の間を白、グレー、黒、シルバーなどで分離して調整するとよい。
- 色の好みには、個人的な好みとして性別、年齢、環境があり、民族的な好みとして地域性、伝統がある。また、社会的な好みとして時代的な流行色があげられる。

(2) インテリアの色彩計画
a. インテリアの色彩調節
　色の心理的、生理的、物理的な性質を知ったうえで、人の感情の安定、眼の疲労防止、作業効率向上、事故防止などに配慮したい。
b. インテリアの色彩計画
ⅰ 色彩調和の例
① モノトーン→白、グレー、黒の明度差の調和
② ニュートラル→自然色（白、ベージュ、アイボリーなど）、素材色（毛、綿、皮、木、石など）を生かす調和
③ 同一色相→同色系の濃淡の調和（図1.4マンセル色相環）
④ 類似色相→隣り合う色調の調和（　　〃　　）
⑤ 対称色相→反対色、補色の調和（　　〃　　）

ⅱ 色彩計画の手法
　色彩計画の手順は以下の通りである。
① 色彩イメージの設定
　対象となるインテリアの使用目的にあった色のイメージを設定する。

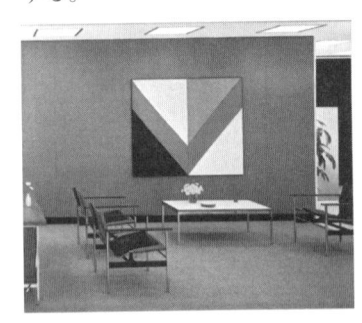

写真1.29　同じ空間に異った色彩計画・家具配置・アートワークを演出した4例

② インテリア構成要素の把握

配色対象部（床、壁、天井、開口部）の材質、面積、形、採光および照明状況を把握する。

③ 基調色、配合色、強調色の想定と配色

- インテリア空間（床、壁、天井）→基調色（ベーシックカラー）面積±70％、基調色は大面積を占めるので、比較的高明度や低彩度が一般原則と考えたい。
- エレメント（家具、カーテン）→配合色（サブカラー）面積±20％、配合色は数年で取替えが想定されるので、ライフスタイルに合わせた変化と特性を高めたい。
- アートワーク（絵画、クッション）→強調色（アクセントカラー）面積±5〜10％、強調色はアクセントカラーとして活性化や強調性を重視したい。

1.6.3 音の環境

音に関する環境計画としては、騒音、吸音、遮音など、以下の要件に留意する。

(1) 騒音

騒音の程度が激しい場合には、室内での会話を聞き取れない、作業に支障が生じるなどの直接的な影響があり、小さくても耳障りな騒音は心理的、生理的に影響を与えることがある。住まいの音環境では、騒音をいかに低減するかが重要な課題となる。

騒音の指標として最も重要なものは騒音レベル（単位dB）であり、騒音の目安として人の聴感に考慮した指標となっている。

騒音を抑えるためには、まずその発生源の対策が必要である。洗濯機やクーラーの室外機などの設備騒音に対しては設置場所の検討を行い、低騒音型の機器の使用、振動による騒音発生を抑えるための防振ゴムの利用などで対処する。

給排水音については、配管が直接構造体に接しないような計画が望ましく、低騒音型の給水栓の使用も効果がある。人が生活する以上、音の発生を避けることは難しいが、回りに対する配慮が必要である。

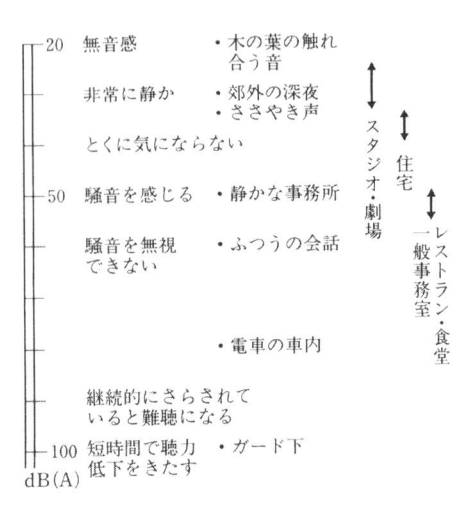

図1.5　騒音の目安

(2) 遮音

　騒音の発生源対策の次には、遮音（音波を遮蔽して音が一方から他方へ伝わるのを防ぐこと）が重要な課題になる。遮音性能を示す指標を透過損失といい、壁の両側でどの程度音が小さくなっているかをデシベル値（db）で表示する。

　一般に壁構造体の材質が密で、単位面積当たりの重量が大きいほど遮音性能は高くなるが、遮音効果を上げるためには、気密にすること（すき間をなくすこと）が前提となる。

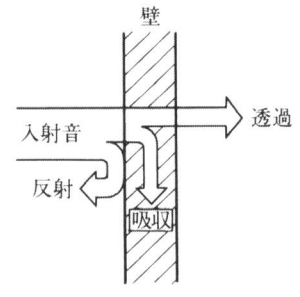

図1.6　音の入射

　遮音について考えるとき、一般的には床と壁に分けて考える。壁の遮音については、外部騒音に対して道路側に静寂を必要とする居室を設けないなど、平面計画（間取り）が先行することになるが、建築基準法に共同住宅の隣戸間の界壁の遮音性能についての規定があるように、隣戸、隣室からの音を含め、壁の遮音性を十分に確保する必要がある。

表1.2　界壁の遮音規定

周波数 （ヘルツ）	透過損失 （デシベル）
125	25
500	40
2000	50

床からの音については、上階での床衝撃音が問題になる。ハイヒールの靴音、家具を引きずる音など、コツコツという軽量床衝撃音については、カーペットなどやわらかい床材料の使用で対処できるが、飛び跳ねなどのドンドンという重量床衝撃音については浮き床工法などの構造的な処置が必要になる。

一般に遮音に関する問題は、いったん施工されてしまうとインテリアリフォームなどでの対処は困難となるので、計画時に材料の音響特性などについての十分な検討と慎重な施工が必要になる。

(3) 吸音

二次的な手段として騒音を低減するためには、床、壁、天井など内装材料の選択により吸音[*1]を図ることも重要となる。これにより、室内の騒音を小さくするほか、響きを少なく、聞き取りやすくする効果もある。

話し声をよく聞くには、響き[*2]は少ないほうがよく、音楽では適度な響きがあるほうが豊かな感じとなる。リスニングルームなどが効果的な音響性能を有するには、その用途に応じた適度な響きを出せることが必要である。ただし、有害な反響やエコー[*3]はないほうがよい。

[*1] 音を吸収させることで室内での反射音を小さくすること。
[*2] 響きの指標として、一般的な居室では残響時間を用いる。
[*3] 直接音と反射音との時間的なずれが起こり、別々に聞こえる現象。

1.6.4 空気の環境

人の温熱感覚は、温度、湿度、気流、放射、および人の着衣量や作業量によって決定される。冬暖かく夏涼しく、また湿気が少ない室内にするための熱の環境計画には以下のような要件があげられる。人体からの放熱量は、1人当たり100W（ワット）の白熱灯の放熱量とほぼ等しい。

(1) 温度

建物を構成する床、壁、天井など構造体の両面で温度が異なると、高温側から低温側へ構造体を通して熱が伝わる。この現象を熱貫流といい、その結果、室温は変動することになる。構造体の材料内の熱の移動を熱伝導、構造体と空気の間の熱の移動を熱伝

達といい、一般に熱貫流は、熱伝達→熱伝導→熱伝達の過程をとることになる。熱貫流における熱の通りやすさの指標を熱貫流率という。

　断熱とは、熱貫流率を小さくし、内外の熱の移動を小さくすることである。空気の熱伝導率は小さいため、空気を内部に含んだグラスウール、スタイルフォームなどの材料は断熱性能が高く、通常は断熱材と呼ばれる。

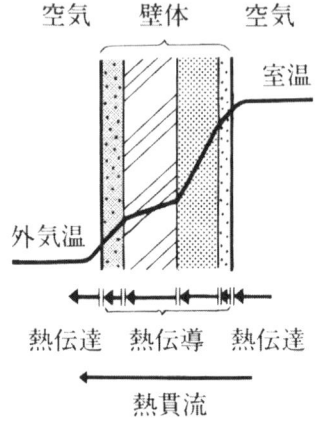

図1.7　熱貫流

　熱貫流によって、冬季には室内の熱が失われ、夏季には室内に熱が入ることになるので、外気温の影響をなるべく避け、暖冷房の効率を高めてエネルギーを節約するためには、建物の断熱性を高めることが効果的である。断熱性を高めるためには以下の方法がある。

①二重サッシ、複層ガラスの使用により、窓からの熱貫流を抑える。
②窓面にカーテンを吊り、サッシとの間に空気層を設けて熱伝導を抑える。
③建物の気密性を高め、すき間風をなくす。
④外壁中に気密性のある空気層を設ける。
⑤アルミ箔など、熱を反射する材料を壁体の空気層に入れる。

　鉄筋コンクリートや石造などは、熱的には温めにくく冷めにくいという性質がある。このような構造体のインテリアでは、外気の変動に対していったん構造体が熱を蓄積することになり、室温の変動の時間的遅れが生じて、結果的に室温はゆるやかに変化することになる。

　住まいにおける温度に関する室内環境目標値としては、冬季は夏季に比べて温度を低く設定しなければならない。

表1.3　室内環境目標値

	温度	湿度	気流
夏季	25〜27℃	50〜60%	0.25 m/s 以下
冬季	20〜22℃	40〜50%	0.25 m/s 以下

(2) 湿度

空気は温度が高ければ高いほど、多くの水蒸気を含むことができる。インテリアの湿度が高い場合、体感的には温度が上がったように感じる。湿度の目標値は、カビやダニの発生を防ぐことも考慮し、40〜60%前後が望ましい。

(3) 結露

室内の温度が下がり、空気中に含まれている水蒸気が低温の部分で凝縮して水滴となる現象を結露という。結露には、低温の構造体の表面付近の空気が冷却されて壁体表面に結露した表面結露と、構造体内部で生じた内部結露とがある。結露が生じると木材の腐食、金属の発錆（さび）、カビの発生、寝具の汚損、凍害などを伴うので、インテリアを快適に保つために、できる限り防止しなければならない。

表面結露の防止対策として、以下のような方法がある。
①開放型燃焼器具の使用を避ける。
②通風、換気して水蒸気を排出するなど、室内湿度を小さくして結露の発生原因をなくす。
③外壁の断熱を十分に行い、室内に表面温度の低い場所をつくらない。
④空気の滞留は結露の発生を促すので、十分に換気を行う。
⑤家具は外壁から離し、押入れにはスノコを敷くなど、空気の流れをつくる。

一方、内部結露の防止対策としては、湿気遮断のため、構造体内部の断熱材の室内側にアルミ箔などの断湿層を施工する方法がある。

(4) 空気汚染

インテリアの空気汚染物質としては、一酸化炭素（CO）と二酸化炭素（CO_2）があげられる。一酸化炭素は燃焼器具が不完全

燃焼を起こした際に発生し、酸欠の原因となり、中毒あるいは死に至ることもある。二酸化炭素については、通常の濃度では無臭無害であるが、臭気、塵埃(じんあい)なども含め、他の汚染物質との関連が強いため、室内空気汚染の最も一般的な指標として用いられる。

室内を清浄に保つためには、環境計画として以下の点に留意する。

a. 換気

室内の汚染空気を排出して、清浄な外気を採り入れることを換気といい、自然に発生する気圧差を利用した自然換気と、人工的に気圧差をつくりだす機械換気とに大別される。

自然換気には、風による風力換気と、室内外の温度差による温度差換気（重力換気）がある。風力換気は、風上側と風下側に複数の出入口や窓が必要であるが、温度差換気はひとつの窓でも可能で、窓の上方では温度の高い側から低い側に空気が移動し、窓の下方では温度が低い側から高い側に空気が移動することによって換気が行われる。

機械による方法には、給気、排気とも送風機で行う第1種換気設備、給気のみを送風機で行い、排気を自然排気口から行う第2種換気設備、排気のみを送風機で行い、給気は自然給気口による第3種換気設備に分けられる。住宅で使用される機械換気設備は、第3種換気設備が一般的である。

b. 通風

通風に関する留意点としては、土地の季節ごとの風向きを調べ、風向き方向に風の流入のための窓や開口部、反対側に流出のための窓や開口部を設ける。また、風が室内を通る通風経路をあらかじめ調べておくことが肝要である。

第2章 インテリアのデザイン性能

2.1 インテリア部位のデザイン性能

　インテリアの仕上げ材料は、インテリア空間を構成する床、壁、天井、開口部などの各部位を対象に、そのインテリアの使用目的に即して選択する。したがってインテリアの部位別仕上げには、それぞれの部位に要求される性能を満たす材料を適材適所に選ぶことが肝要である。つまり、インテリアの床、壁、天井には、それぞれの部位ごとに機能性、耐久性、安全性、感覚性などの性能が個々に要求されるので、それらの性能を満たすようなインテリア仕上げ材を選択しなければならない。

　適切な仕上げ材料を選ぶということは、非常に多品種の中から特定の材料を選択することになるので、まず、仕上げ材固有の感覚的特性（持ち味）と性能特性を十分に理解しておくことが大切で、設計や施工とともに正しいインテリア材料の知識を学んでおくことが肝要である。床、壁、天井、開口部と、それぞれの部位ごとのデザイン性能に関する要点は以下の通りである。

写真2.1　ホテルロビー　[ホテルアソシア静岡　内装設計／インテリアデザイン＝㈱イリア　写真＝ナカサ＆パートナーズ]

2.1.1 床のデザイン性能

　床のデザイン性能については、第一に感性的性能として歩行性がよいことが重要である。床のデザイン性能として、硬い床、軟らかい床、粗い床、滑らかな床など、外部内部を問わずいずれの場合でも感触が優れていて、歩行しやすく安全であることが最も大切である。また、摩耗に強く耐久性があり、汚れにくく、メンテナンスが容易であることも床材料の条件である。

表2.1　床仕上げ材の性能

機能的性能	耐用的性能	感性的性能
・不燃性である	・摩耗に強い	・歩行性がよい
・保温性がよい	・経年変化が少ない	・感触がよい
・吸音性がよい	・汚れにくい	・色調がよい
・防水性がある	・衝撃に強い	・質感がよい
・安全性がある	・湿気で変質しない	・弾力性がある

2.1.2 壁のデザイン性能

　インテリアに入って、まず、最初に視野に入る部分が壁面であることは、日常生活で明らかになっているが、室内で椅子に座ったときの視線の高さもまた、壁に面する位置である。壁のデザイン性能では、視覚性が最も大切になり、色調と材質感（テクスチュア）が重要視される。また、保守メンテナンスの面からは、壁材料として空気中の塵埃や煙草の煙に汚れにくく、経年劣化の少ない材料が理想的である。

表2.2　壁仕上げ材の性能

機能的性能	耐用的性能	感性的性能
・光の反射性がよい	・汚れにくい	・色調がよい
・遮音性がよい	・経年変化が少ない	・質感がよい
・吸音性がよい	・湿度で変質しない	・感触がよい
・不燃性である	・熱に強い	・美しい
・断熱性がよい		

2.1.3　天井のデザイン性能

　床や壁のデザイン性能は、ともに感性的性能が一番に重要視されるが、天井のデザイン性能は、吸音機能と不燃機能が最も重要視される。天井仕上げには、インテリアの使用目的に応じた音の響きの吸音性能と防火性能のよい材料を選択することが望ましい。また同時に、光の反射効果も考慮する必要があり、一般的には反射率が高い明色系（白色系）の材料が使用される。

表2.3　天井仕上げ材の性能

機能的性能	耐用的性能	感性的性能
・吸音性がよい ・光の反射性がよい ・不燃性である ・断熱性がある ・遮音性がある	・汚れにくい ・経年変化が少ない ・湿度で変質しない ・熱に強い	・色調がよい ・質感がよい

2.1.4　開口部のデザイン性能

　開口部は人や物の通行と光や空気の透過と同時に、他方では遮断という相反する機能をもつ。外部開口部ではこの特徴が特に強く、透視性、断熱性、遮音性、耐風圧性、防火性、防犯性など、多くの性能が求められる。建具については、引き戸や開き戸という基本形のほかにも、多くの機構上の仕組みや形式が必要になる。開閉操作が容易であること、さらにはインテリアに好影響をもたらすデザイン性も重要になる。また、窓開口部のデザイン性能は、外部からの採光、眺望、換気をコントロールする性能とともに、騒音や熱を遮断する性能が重視される。

写真2.2 框戸を使った開口部のデザイン

2.2 インテリア材料の性能

インテリアの床、壁、天井には、機能的、耐用的、感性的な三つの性能が複合的に要求される場合が多い。同様にインテリア材料に、三つの性能をあてはめると次のようになる。

機能的性能とは、生活行為や作業性をよくするための働きで、安全性や光の反射率、吸音性、断熱性、不燃性など、室内環境維持のための性能である。

耐用的性能とは、材料の強度や防汚性、使用中の経年変化に対する耐久性などに関する性能である。

感性的性能とは、人がインテリアや素材から感じるデザイン性や感触性、色彩感覚、使用上の快適性や満足度などに関する性能である。

インテリアを快適な生活空間として構成するためには、先の三つの要求性能のうち、感性的な材料特性を重要視することが効果的であり、内装デザインあるいはコーディネーションの場合に最も多く用いられる選択手法となっている。

インテリアの仕上げ材料の性能は空間の部位によって異なり、床、壁、天井にはそれぞれ違った性能が重複して要求される。一方、仕上げ材は、ひとつの材料が機能的、耐用的、感性的な三つの性能をすべて備えているとは限らない。したがって、重複した要求性能を満足させるためには、数種類の仕上げ材料を組み合わせ、複合させることが必要になる。たとえば、床仕上げの場合の機能的、感性的なふたつの性能を満たすための方法として、カーペットにアンダーレイ（下地フェルト）を併用施工し、床に弾力性をもたせて歩行性をよくするとともに、保温性能を高めることなどが行われている。

2.3　インテリアの内装仕上げ

　インテリアの内装仕上げを考えるとき、生活空間のデザインイメージをどのように表現するかが重要なポイントとなる。インテリア仕上げ材料を単に建築技術的視点だけでみると、素材のもつ物理的特性や強度、耐久性、施工性に関しての知識や理解だけで十分であるが、デザインイメージを演出するためには、素材を機能的、耐用的視点のみで見るだけでなく、別な視点で見ることが重要になる。それは、人がその素材からどういう印象を受けるかという、素材のもつ感覚的特性であり、その感覚性が重要なチェックポイントとなる。

　インテリア仕上げ材を感覚的、デザイン的に見た場合、床、壁、天井の仕上げ材の色調やテクスチュアが、家具、照明、植栽、アートワークなどのインテリアエレメントとともにコーディネートされて、はじめて人の感性に訴えて心理的に愉しいインテリア効果を上げることができる。

2.4　インテリア材料のソフトデザインとハードデザイン

　インテリア仕上げ材料の種類には、自然材料としての木材やテキスタイル（織物）および壁紙などと、人工材料としての陶磁器や金属およびプラスチックなど、きわめて多岐にわたっている。

さらにそれらの材料は、それぞれ独特のデザイン性と感触性をもっている。たとえば、木材は親しみやすく、木目や木肌はきわめて自然な感触で温かい。色々な繊維を用いたテキスタイルは、ふっくらとしたソフトな感触をもっている。大理石には重厚で優雅な高級感があり、金属は冷たくて知的な緊張感をもっている。

このように材料の感性的性能でインテリアの仕上げ材料を分類すると、一般的に自然材料はソフトデザインもしくはソフト感覚の材料であり、人工材料はハードデザインもしくはハード感覚の材料であるということができる。両者の特徴を比較すると、ソフトデザインの材料は温かくて一般的にヒューマンな印象が強く、ハードデザインの材料はハイテックで一般にモダン、コンテンポラリーな印象が大きい。

2.4.1 ソフトデザインの内装仕上げ材料

木やテキスタイルなどのソフトデザインの仕上げ材料は、一般に自然でやわらかな感触が心地よく、かつ親しみやすい。また、温かい情感があって、時には木材のように芳香性さえも備えている。さらにまた、テクスチェアに変化があって繊細である。

なお、ソフトデザインのグループには、自然材料だけでなく、人工材料の中にもソフトタッチの素材が見受けられる。たとえば、天然木と同じような風合いをもつプリント合板や、表面にソフトな凹凸を表現したエンボス加工のビニル壁紙、土の香りをもつれんがタイルなど、いずれも表面の微妙なパターンとテクスチュアによって、ソフトなイメージを与える内装仕上げ材料である。

ちなみに主なソフトデザインの仕上げ材料としては、次のようなものがある。
①木材、むく材、合板
②竹、丸籐、皮籐
③織物、毛、綿、絹、麻、革
④敷物、畳、カーペット
⑤紙、和紙、化粧紙
⑥壁装材、紙、織物、ビニル
⑦れんが、れんがタイル

写真2.3　ソフトデザインのベッドルーム

2.4.2　ハードデザインの内装仕上げ材料

　ハードデザインの仕上げ材料の多くは人工材料で、主なものには陶磁器質タイル、ステンレスやアルミなどの金属材料、ガラスや鏡、プラスチック製品などがある。ハードデザインの特徴は一般にクールで硬い感触をもち、感覚的にはモダンで質感がシンプルである。

　なお、自然材料の中にも、大理石や花崗岩のようなクールでハード感覚の材料もある。ハードデザインの仕上げ材料としては次のようなものがある。

①陶磁器質タイル（磁器、陶器）
②石、大理石、花崗岩、テラゾー
③金属、スチール、ステンレス、アルミ
④透明ガラス、鏡
⑤プラスチック、ゴム
⑥合成樹脂オーバーレイ合板、化粧合板
⑦塗り壁、プラスター
⑧コンクリート、モルタル

写真2.4 ハードデザインのインテリア

2.5 インテリア仕上げ材の選択

　インテリアの仕上げ材料を選択するにあたっては、まずその居室の使用目的を正確に把握する必要がある。住宅では、家族が集まるリビングルームやダイニングルーム、個人のためのベッドルームなど、それぞれライフスタイルに基づいて使用目的が定まっている。また、オフィス、ホテル、美術館、図書館、商業施設などの公共のインテリアにおいても、それぞれの種類ごとに使用目的が決まっている。

　インテリアの使用内容を把握したのちに、その建物やインテリアのデザインコンセプトにしたがって、デザインイメージの演出を仕上げ材料の選択作業を通じて具体化させていくことになる。

　インテリアデザインは、感性や雰囲気など、それぞれのフィーリングで善し悪しを判断することが多いが、一般的に生活空間のイメージは、その人の生活感、趣味、価値観、時代感覚、年齢などによって大きく影響されることが多い。したがって、インテリアのデザインイメージは、使う人、集う人の感性とニーズ、使用目的に適合していることが重要である。

2.5.1　仕上げ材料選択の手順

　インテリアの仕上げ材料の選択方法としては、以下の作業手順が考えられる。①〜④については、具体的な仕上げ材料選択のための前段階の作業となる。

①インテリア空間、居室の機能と使用目的を確認する。
②デザインイメージ、コンセプトを確認する。
③床、壁、天井、部位別の要求性能をチェックする。
④機能的、耐用的、感性的な三つの性能条件の優先順位を決定する。

そして、以下⑤～⑦の具体的な仕上げ材料の選択に入る。

⑤仕上げ材料選択上のポイントをチェックする。
・インテリア平面をチェックする。居室状況について、広さや人の動線、壁の位置や大きさ、家具配置や寸法を理解する。
・床、壁、天井の明るさや採光をチェックする。
居室状況について、窓の位置や採光をあらかじめ理解する。
・サンプル、見本をチェックする。

小さな見本で材料や色を選ぶと、実際には面積が大きくなると色調が薄めになるなどの誤りを犯すことが多いので注意が必要である。サンプルや見本のチェックは、できるだけ大きなものか実物をみて確認したい。

・材料の特徴をチェックする。材料の特徴については、主に仕上げ材料のデザイン性および施工の難易度についても確認したい。

表2.4 仕上げ材料選択上のチェックポイント

インテリア平面のチェック	床、壁、天井の明るさ	サンプル見本	材料の特徴チェック
・平面の形と大きさ ・部屋の使い方と動線 ・壁の位置と大きさ ・窓の位置と大きさ ・家具の配置	・採光の様子で明るさに差を生ずる ・一般に明るさは床、壁、天井の順となる	・小形見本では選ばない ・大きな面積になるとテクスチュアはフラットに見え、色調は薄目になる ・大きな見本か実物見本で選ぶ	・デザイン性を見る 　感触、色調、質感 ・経年変化を知る ・設計が容易 ・入手が容易 ・施工性がよい

⑥床、壁、天井の部位別の仕上げ材料を選択する。
⑦床、壁、天井のインテリア仕上げ全体のコーディネーションを確認する。

インテリア仕上げの特質は、空間を構成する床、壁、天井のそれぞれひとつの材質の善し悪しではなく、床、壁、天井および開口部が一体になり、トータルに組み合わされた空間が内装デザインの効果として評価される。

さらに、生活空間としては、家具、照明、テキスタイル、植栽、

アートワークなどがトータルにコーディネートされてはじめて、快適な生活空間が創造されることになるのはいうまでもない。

2.5.2 仕上げ材料選択のテクニック

インテリアの仕上げ材料選定には、多くの選択方法と無数の可能性もしくは自由度がある。たとえば、床仕上げをカーペット、木製フローリング、または大理石等々、あるいは壁仕上げを壁紙、タイル、塗装等々、内装材料選択の幅はきわめて広く、また自由に選択できる。

他方、床、壁、天井それぞれ全体の組合せもあり、実際の選択作業では、2通り3通りの組合せ案を検討し、最終案に絞っていくことになる。以上のような検討を重ねて、最もデザイン性がよく、要求性能を満たし、かつメンテナンスの容易な仕上げ材料の組合せを決定することが肝要である。

インテリア仕上げ材の選択の例としては、各種材料の感触、風合い、色調、感覚を生かした次のような方法が考えられる。

感性豊かなインテリア空間をつくるためには、ソフトで繊細な自然材料、ソフトデザインの素材と、クールでハイテックな人工材料、ハードデザインの素材とをバランスよく組み合わせることである。これによって、ハイタッチでヒューマンなイメージを最大限演出することもできる。

感性的で心地よい組合せを具体的に示すと、木製フローリング一部カーペット敷きの床仕上げに、塗り壁もしくは壁紙を配し、木製または木製フレームに革張りのソファーを置くとか、あるいは、大理石床に毛足の長い敷物、ガラスと金属フレームのテーブルを配置するといった組合せ等々、コーディネートの可能性、演出方法は数限りなくある。

第3章　インテリアの仕上げ材料

3.1 インテリア仕上げ材の種類

3.1.1 木材と木質材料
　インテリア材料として古くから利用されてきた木材は、自然の香りと独特の杢目、色調、肌合いの美しさをもち、日本の伝統的な和室はもちろん、一般的に床、壁、天井の仕上げ材料と造作材料、さらには、下地材料としても広く使用されている。

　一方、木材の乾燥や収縮による反りやひび割れなどの欠点を補う材料として、技術的に機械加工してインテリア材料や家具のための工業材料とした合板、集成材などがある。これらを木質材料という。

（1）木材

　木材の樹幹組織は樹皮、形成層、木部、髄からなり、樹木の生長は形成層によって行われ、春材部、夏材部で1年輪をつくりながら太くなり生長していく。木材の中心に近い部分を心材（赤身）といい、この部分は水分が少なく様々な含有物質のために赤身または濃色を帯びている。樹皮に近い部分を辺材（白太）といい、この部分は含有水分が多く、心材よりも白くまたは淡い色をしている。

　樹木を伐採した直後の生木は含水率60〜100％であるが、大気中に放置することによって徐々に蒸発し、約15％の平衡含水率となる。この自然乾燥により、材の変形や腐朽を防ぎ用材として使えるようになる。さらに人工乾燥により、8％以下まで含水率を下げるとインテリアや家具材料としての条件が整う。

a. 木取り

　木材は樹幹の木取り方法によって柾目、板目など、板材面の木目が変わる。この木取り方法によって、木目だけでなく、板材の強度にも影響する。

ⅰ 柾目

　年輪に対して直角に切り出した板材の表面に現れる木目。冬目と夏目が交互に現れ、きれいに揃った縞模様になる。収縮や変形は少ないが水分を透過させやすい。

ii 板目

　年輪の目に沿うよう接線方向に切り出した板材の表面に現れる木目。山形の不規則な曲線模様となる。木口の年輪模様をみるとカタカナの「ハ」の字状に目が走り、ハの字の狭いほう（外側に面していたほう）が表面、広いほう（中心部側に面していたほう）が裏面となる。表側と裏側では吸水率が異なり、収縮、変形しやすく、反りが生じることがある。

iii 杢

　原木のこぶの部分などを切り出したときにまれに現れる柾目や板目と異なる特殊模様の木目。主に広葉樹で希少価値があり意匠的に珍重される。

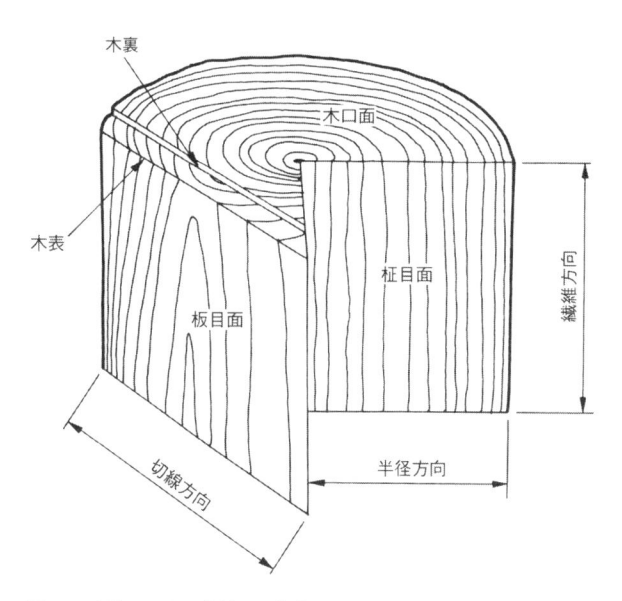

図3.1　木取りによる木材面の名称

表3.1　木取りによる木材の名称

名　称	特　徴
・辺　材	樹幹(心材)の周辺部で細胞が粗く淡色で白太(しらた)ともいう。含水率が高いので乾燥による収縮が著しく、心材に比し耐久性がない。
・心　材	樹幹の中心部に近い所で赤味とも呼ばれ、色が濃く耐久性が大きい。なお辺材と心材の比率は樹種により差異がある。
・柾　目	年輪に直角(放射方向)に木取られた材面の木目。
・板　目	年輪の接線方向に木取られた材面の木目。
・木　表	板目材の樹皮側(外面)の面。
・木　裏	板目材の樹心側(内面)の面。
・挽　割	正方形の材は正割り、長方形の材は平割りと称される。
・挽　板	10〜30mm程度の厚さに鋸で挽割った板、集成材を構成する板材。
・突　板	木材を刃物で薄くそいだ板。単板の一種でスライスドベニアのこと。
・単　板	0.1〜0.6mm位の薄板で、化粧用として合板などに練付け(接着)して用いる。スライスドベニアとロータリーベニアがある。
・木　理(杢，もく)	木材の異常生長により生じた年輪や木理の材面の特殊模様。銘木として、化粧杢として、また美術工芸的価値がある。 ・玉杢（たまもく）　　　　けやき　くすのき　かえで ・鶉杢（うずらもく）　　　屋久すぎ　神代すぎ　くろべ ・縮杢（ちぢみもく）　　　やちだも　マホガニー ・如輪杢（にょりんもく）　けやき　やちだも ・牡丹杢（ぼたんもく）　　けやき　やちだも　くわ　けんぽなし ・葡萄杢（ぶどうもく）　　くすのき　やちだも ・銀杢（ぎんもく）　　　　ぶな ・リボン杢　　　　　　　　マホガニー　ラワン　とち　かき ・虎斑（とらふ）　　　　　みずならの柾目材

b. 木材の種類

　針葉樹と広葉樹に大別される。針葉樹にはすぎ、ひのき、まつ、つがなどの国産材と、米すぎ、米ひ、米まつ、米つがなどの輸入材がある。針葉樹の用途は、建物の構造材を主として造作材や仕上げ材、建具、家具などに広く使用される。

　広葉樹にはけやき、かえで、しおじ、なら、ぶな、せん、しななどの国産材と、ウォルナット、チーク、ローズウッド、ラワンなどの輸入材がある。広葉樹は、床や壁などの仕上げ材を主として、造作材や建具、家具、装飾材などに使用される。

(2) 木質材料

　木材を分割して接着剤で再構成した二次加工製品で、いずれも木材の欠点である反りやひび割れ、繊維方向別の強さのアンバランスを補うインテリア、家具材料である。

　木質材料には合板、集成材、ファイバーボード、コルクなどがある。

a. 合板

　木材を薄くスライスした単板（ベニヤ）を、繊維方向を直行さ

せて接着したもの。強度的な方向差がなく、幅広いパネル板（900×1800㎜、1200×2400㎜）が得られ、インテリアの仕上げ材、下地材として広く使用されている。合板の種類には住宅などの構造材に用いる構造用合板、特に用途を定めない普通合板、その他難燃合板などがあり、普通合板は、耐水性の有無や使用目的によって特類、一類、二類などに分類されている。

また、合板の多くにはホルムアルデヒド系接着剤が使用されており、気化した成分がシックハウス症候群の原因として人体に悪影響を与えることがあるため、ホルムアルデヒド放散量によって等級があり、F☆～F☆☆☆☆の表記がある。住宅などにおいてはほとんどの製品が最も放散量の少ないF☆☆☆☆に対応する。

合板は化粧合板など、表面に各種加工され壁仕上げ材や床仕上げ材として広く使用されている。

ⅰ インテリア壁仕上げ材

合板の中で、特にインテリア壁仕上げ材として使用されるのが化粧合板である。主な種類は、天然木を貼った天然木化粧合板、合成樹脂化粧合板、プリント合板などである。

・天然木化粧合板

天然木を薄くスライスした突板を合板に貼ったもの。天然木の描く多様な表情を取り入れることができ低コスト。なら、けやき、ウォルナット、チーク、マホガニー、ローズウッドなど。

和風天井仕上げ材としては、秋田すぎ、吉野すぎなどの杢目を貼ったものがある。

・合成樹脂化粧合板

合板の上に樹脂加工した印刷化粧シートを貼ったもので、ポリエステル樹脂やメラミン樹脂を貼って耐水性を高めたもの、エンボス加工して表面の質感を高めたものなど、多種多様なものがある。

・プリント合板

合板の上に天然木の木目などを印刷したプラスチックシートを貼りつけたもの。印刷によって模様、色調、肌合いなどが正確に表現され、加工や施工も容易で低コストであるため、最も広くインテリア仕上げ材として使用されている。

ii インテリア床仕上げ材

インテリア床仕上げ材として、耐水合板を基材として天然木の単板を貼った複合床材と板材や合板をそのまま貼った単層床材がある。複合床材には複層フローリングやパーケットフロアなどがあり、単層床材には単層フローリングや木れんがなどがある。

・複層フローリング

2.0〜2.5mm厚の天然木単板などを、基材となる耐水合板の上に貼ったもの。一般的になら、ぶな、ウォルナット、チークなどの広葉樹が用いられ、木のもつ自然感豊かな床仕上げ材である。一般的に表面は樹脂塗装仕上げされており、施工やメンテナンスが容易、取扱いも単層のむく材に比べると容易である。規定寸法で統一したものが多いが、幅はメーカーや製品により多様である。

・パーケットフロア

3枚以上の単板を並べて接合し、基材となる耐水合板の上に貼ったもの。木の表情と模様の美しさをあわせもつ。複数の長方形を組み合わせて正方形に並べたものや、複数の長方形を階段状に組み合わせた雁行形のものなどがある。

・単層フローリング

むく材で構成されたもので、むくならではの風合いがある。乾湿による変形が大きく、施工時および施工後の取扱いやメンテナンスにも注意が必要である。製品として、施工後に表面処理（研磨、塗装、ワックスなど）するものと、表面処理を施したもの（塗装、焼きなど）がある。また、規定の長さで統一された定尺ものと一片の長さが様々な乱尺ものがあり、幅はメーカーや製品により多様である。

・木れんが

まつ、くりなどのむく材をブロック状にしたものを、モルタル下地などに木口埋込み施工したもの。一般的には90×90mmの断面に60mmの厚さで、適度の凹凸感に自然の風合いがあり、摩耗に強く、耐久性も大きい。

b. 集成材

木材を厚さ15〜30mm程度の挽き板にして、繊維方向を平行に重ねて長尺に接着したもの。すぎなどの間伐材や、歪みの出やす

いからまつなどを有効に活用できる。乾燥による変形が生じにくく、強度性能のバランスがよく、形状には直材、板材、湾曲材もある。もとは構造材および手すり、床板などの造作材であったが、カウンターやテーブル甲板などの家具材料に幅広く使用されている。

c. パーティクルボード

木材の小片（チップ）に接着剤も混ぜ圧縮成型したボード。断熱性、遮音性に優れるが、耐水性には欠けるので、インテリア、家具の芯材、下地材として使用される。素地の表裏に単板や化粧シートを貼ったものもある。

d. ファイバーボード

木材の小片をさらに繊維状にして接着剤で圧縮成型したもの。比重が小さいものからインシュレーションボード、MDF（Medium Density Fiberboard）、ハードボードとして区別される。パーティクルボード以上に耐水性がないため、素地単体で用いられることはほとんどない。

MDFが最も代表的なもので、用途はパーティクルボードとほぼ同様であるが、表面が滑らかで化粧板を貼っても凹凸が出ずきれいな仕上がりとなる。

インシュレーションボードは吸音材として使われることが多く、音響特性のよいところからオーディオ機器用家具に多く使われる。

e. コルクボード

こるくがしなどの樹皮を剥皮し、表裏の粗硬部を削り取って煮沸したのちに板状に成型したもの。軽量で弾力性があり、保温性にも優れているため床材によく使用される。コルク化粧合板として壁仕上げ材にも使用される。

3.1.2 織物、テキスタイル

インテリアの中で織物は壁に貼られたり、窓を飾るカーテンに使われたり、床に敷物として使用されたり、さらには、椅子張りやベッドスプレッド、クッション、テーブルクロスなど、数多くの場面で使用されている。

写真3.1　織物

織物が床、壁、窓、椅子張りなど、人に身近な場面で使われることにより、ソフトな感触と和やかな雰囲気が醸しだされる。床にカーペットを敷くことによって足触りが快適になり、織物のカーテンや壁紙によって窓面や壁面のデザインに装飾性が加えられる。全体としてインテリア効果が高まり、さらには、保湿性や音響性などの性能面にも好影響をもたらす。

　一般に織物は、たて糸とよこ糸を交錯させ、相互に絡み合わせて織られている。織り方には様々な技法があるが、基礎となる平織り、綾織り、繻子織りを特に三原組織という。

(1) 平織り

　たて糸とよこ糸が1本ずつ交互に浮き沈みする最も単純な織物組織で、交錯が緊密であるため丈夫で摩耗に強い。壁紙やカーテン、椅子張りなど応用範囲が広い。

(2) 綾織り

　2本またはそれ以上の糸束を一緒に織る織物組織。たて糸またはよこ糸の浮き沈みが斜線を描くので、これを斜紋線あるいは綾線と呼ぶ。布面は平織りよりも光沢が出て繻子織りよりも丈夫である。密度を濃くすることが可能なため遮光性を高くすることもできる。

(3) 繻子織物（朱子織物）

　たて糸とよこ糸の交錯する位置を一定の間隔を開けるように配置する。組織した糸の浮きが多い織物。サテンとも呼ばれ、非常に光沢があり、布面は滑らかでやわらかく美しい。織物としてはあまり丈夫ではない。

(4) 特殊織物

　先述の三原組織のほかに、パイル織り、搦織り、紋織りなど、特殊な織物がある。

a. パイル織り

　ベルベット、ビロードとも呼ばれ、織物の片面または両面にループパイルを有する特殊な織物である。

b. 搦織り

　たて糸どうしが互いに絡み合っているところによこ糸を織り込んだもので、布地に透かしができるのが特徴である。

図3.2
平織りの組織

図3.3
綾織りの組織

図3.4
繻子織りの組織

c. 紋織り

典型的な柄物の織り方で、三原組織を適宜に組み合わせたものの総称である。ジャガード織り機が使用され、柄物の壁紙、椅子張り、カーテンに広く用いられる。

3.1.3 カーペット

現代のインテリアでは、カーペットは欠くことのできない床仕上げ材料である。カーペットは織物特有のテクスチュアをもち、そのやわらかい風合いと多様な色や柄などによって、他の床仕上げ材に比べても非常に高い装飾性をもっている。

居住面からみてもカーペット敷きの床では足元が心地よく、歩行感もよく、みた目にも優しく安全である。また、保温効果も高く、音も吸収し、まぶしい光を和らげる効果もあり、その他多くの性能面でも優れている仕上げ材である。

カーペットをその居室の使用目的に応じてうまく使いこなすためには、最適なデザインや色調のものを選択する能力を養うことと、その製法、素材、テクスチュアなど、カーペットの種類についての知識をもつことが肝要である。

なお、施工方法については第4章参照。

(1) カーペットの種類

現在流通しているカーペットの種類は製法、素材、デザイン、寸法などにおいて、大変多種多様になっている。

製法上の分類では織ったもの、刺繍したもの、不織りのもの、編んだものなどがあり、その織り方にも手織り製品と機械製品がある。手織り製品には敷物の最高級品として評価される手織り緞通があり、機械製品には機械織り、機械刺繍、不織りフェルト製品などがある。

表3.2 カーペットの種類

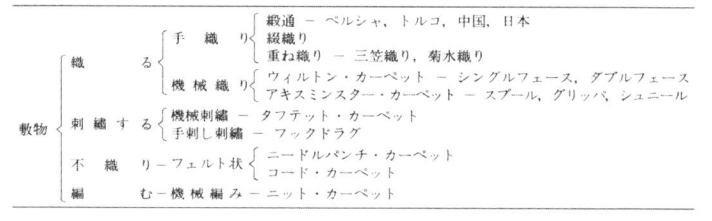

敷物			
	織る	手織り	緞通 — ペルシャ、トルコ、中国、日本 綴織り 重ね織り — 三笠織り、菊水織り
		機械織り	ウィルトン・カーペット — シングルフェース、ダブルフェース アキスミンスター・カーペット — スプール、グリッパ、シュニール
	刺繍する	機械刺繍 — タフテット・カーペット 手刺し刺繍 — フックドラグ	
	不織り — フェルト状	ニードルパンチ・カーペット コード・カーペット	
	編む — 機械編み — ニット・カーペット		

a. 手織り緞通

　絨毯の歴史は明確ではないが、紀元前4000～2000年に中央アジアや西アジアの遊牧民によって織られ始めたと伝えられる。その後ペルシャで緞通織りの技術が発達し、6世紀末になってシルクロードを経て中国に伝わり、独特の中国緞通がつくられるようになった。

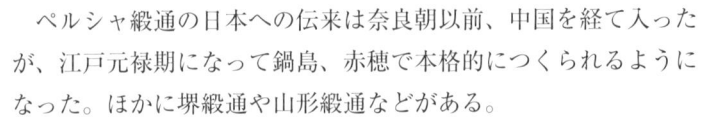

　ペルシャ緞通の日本への伝来は奈良朝以前、中国を経て入ったが、江戸元禄期になって鍋島、赤穂で本格的につくられるようになった。ほかに堺緞通や山形緞通などがある。

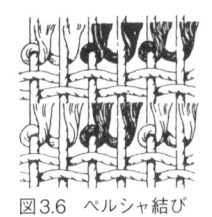

　他方、ヨーロッパへは11世紀末～13世紀にかけて、十字軍の遠征によって初めて伝えられた。しかし、実際の生産は16世紀以降に、オスマントルコがペルシャからの技術を採り入れて生産を開始し、その後ヨーロッパへの輸出供給が盛んになっていった。

　豪華な緞通として、現在、ペルシャ緞通、トルコ緞通、中国緞通および日本の緞通などがあり、パイル糸の結び方に各地域の特色がある。品質的には単位面積当たりのパイル数や、色数の多い緻密なものほど高級品とされる。

図3.5　トルコ結び

図3.6　ペルシャ結び

b. ウィルトンカーペット

　18世紀末、イギリスのウィルトン地方で生まれた機械織りカーペット。19世紀にできたジャガード織り機で2～5色のパイル糸を柄模様に織りあげる。パイル糸の打込み密度が高く、丈夫で非常に耐久性があり、品質は高い。

写真3.2　ウィルトンカーペットを敷いたインテリア

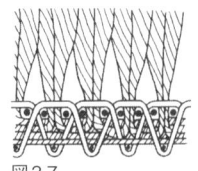

図3.7　ウィルトンカーペットの織り組織

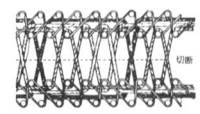

図3.8　ダブルフェースウィルトンカーペットの織り組織

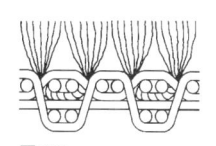

図3.9
アキスミンスターカーペットの織り組織

c. アキスミンスターカーペット

　ウィルトンカーペットと同様に、イギリスのカーペット産地から名づけられたもので、19世紀後半にアメリカから多色織り機を導入し、数十色のパイル糸を使って伝統的な柄模様を織りあげ、アキスミンスターの知名度を高めてきた。一般的には8～12色を使い、色彩豊かな花模様や抽象的な複雑な柄をやわらかい陰影を描きながら自由に織りあげた製品で、ホテルの宴会場などに使用されている。

d. タフテットカーペット

　1930年代のアメリカで、それまであった手刺しの敷物を機械化したもの。ナイロンやアクリルなどのパイル素材の開発やコンピュータ制御での生産により、生産性が高く、かつ大幅にコストダウンされている。従来の機械織りカーペットに比べて、機械刺しゅうカーペットは普及品としての伸びが著しく、流通市場の多くを占めている。

　タフテットの基本は、基布にパイル糸を機械刺しゅうによって植えつけ、パイル糸が抜けないように裏側から合成ゴムラテックスを塗り化粧裏地をバッキング補強する。

　一般的に、オフィスなどで使われるタイルカーペットは、このタフテットの裏面を多重積層にバッキングし、500㎜、400㎜角などに裁断したタイル状のものである。

写真3.3　タフテットカーペットを敷いたインテリア

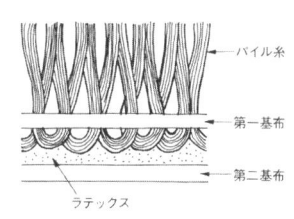

図3.10
タフテットカーペットの織り組織

e. フックドラグ

　基布の上に手動のピストル型フックマシーンでパイル糸を刺し込みながら植えつけ、裏側をラテックスで固めている。ハンドタフテッドとも呼ばれ、パイルの太さや打込み密度の調整が自由にでき、毛足の長いシャギータイプやデザインの異なる色柄などを1枚ずつつくることができる。タペストリーなどの壁掛けや置き敷き、マットなど、大きいものでは劇場の緞帳なども製作が可能である。

写真3.4　フックドラグ部分敷きのインテリア

f. ニードルパンチカーペット

　パイル糸のない不織りカーペットで、ウェブという短繊維を薄く広く伸ばしたものを重ね合わせ、多数の針で突き刺してフェルト状にする。裏面はラテックスコーティングされる。一般のカーペットのようにパイル糸がないので感触が硬く、弾力性に乏しいが、安価で施工も簡単である。

(2) カーペットの仕上げ

　カーペット表面の形状はパイル糸のあるものと、パイル糸のないフェルトタイプのものに大別される。

　パイル糸のあるカーペットの表面仕上げには、パイル糸の先がカットされたカットタイプ、カットされずにループ状のパイルの

ままのループタイプ、カット＆ループタイプの3種類がある。一般的にカットタイプはソフトで弾力性があり、ループタイプは弾力性では劣るが、丈夫で耐久性がある。

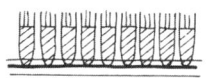

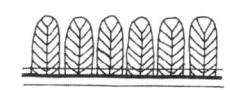

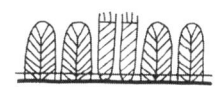

(a) カットタイプ　　(b) ループタイプ　　(c) カット＆ループタイプ

図3.11　パイルの種類

a. カットタイプ

ブラッシュ、サキソニー、ベロア、ハードツイスト、シャギーなどの種類がある。

ⅰ　ブラッシュ

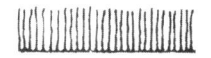

最も一般的なカットタイプで、パイル長さ5～12㎜程度に揃えたもの。ソフトな踏み心地の仕上がりになる。

図3.12　ブラッシュ

ⅱ　サキソニー

パイル長さ15㎜前後で、撚り糸に熱を加えて密に打ち込み、撚りが戻らないようにヒートセットしたカットパイル。形状が安定し、弾力性がある。

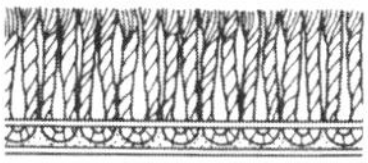

図3.13　サキソニー

ⅲ　ベロア

細いパイル糸をファインゲージという機械で緻密に打ち込んで特殊仕上げし、ベルベット調にしたもの。

ⅳ　ハードツイスト

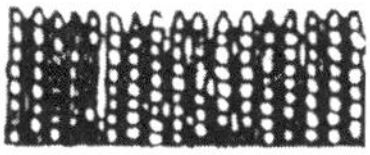

パイル長さ10～25㎜程度で、パイル糸にサキソニーよりさらに強い撚りをかけてヒートセットしたもの。丈夫で弾力性があり、テクスチュアのある個性的な仕上げになっている。

図3.14　ハードツイスト

ⅴ　シャギー

パイル長さ25㎜以上と長く、太めのパイル糸を粗密に打ち込んでいるため、装飾性が高い。タペストリーとして壁に飾られる場合も多い。

図3.15　シャギー

b. ループタイプ

レベルループ、マルチレベルループの2種類がある。

ⅰ　レベルループ

高さを均一にしたループ状のパイル糸を密に打ち込んだもの

図3.16　レベルループ

3.1　インテリア仕上げ材の種類

で、適度な硬さをもち、表面は一様で滑らかさもある。一般にカットタイプよりも耐久性があって歩行性がよく、通行量の比較的多い場所に使用される。

ⅱ　マルチレベルループ

　ループ状のパイル糸に高低差をつけ、立体的なテクスチュアをつくったもの。ハイ&ローとも呼ばれ、方向性や高さをランダムにしたり、糸の太さに変化をつけたり、さらに色のパターンの変化によって、視覚的、デザイン的に変化のある床仕上げとなり、装飾的効果が大きい。

図3.17
マルチレベルループ

c. カット&ループタイプ

　デザインや模様に合わせてパイル糸をカットとループ2種類を組み合わせたもので、陰影に富んだ装飾的な表面仕上げとなる。カットとループは色彩的に同色でも、カットの部分は濃く、ループの部分は淡い色になるので、微妙な色彩変化の効果も出る。

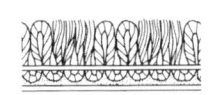

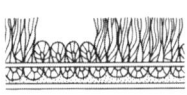

図3.18
カット&ループタイプ

(3) カーペットの素材

　カーペットに使用するパイル糸の素材には、天然繊維と化学繊維がある。天然繊維には古くから使用されてきたウール、絹、麻、綿などがあり、化学繊維には石炭、石油などを原料として化学合成的につくりだされた合成繊維のナイロン、アクリル、ポリプロピレン、ポリエステルなどと、木材などを原料とした再生繊維のレーヨンがある。

　従来からカーペットの素材としてウールが一般的であるが、現在ではナイロン、アクリルなどの化学繊維も主要素材となっている。また、再生繊維のレーヨンは、低コストで染色性がよいため、他の繊維との混紡用として多様に使われている。絹は最高級カーペットの素材としてペルシャ緞通などに使用されており、しなやかで光沢ある優雅な質感に特徴がある。品質的にも価格的にも、美術工芸品レベルに匹敵する高級品として扱われることも多い。

　一般的に多く使われるカーペットの素材は以下の通りである。

表3.3　カーペットの素材

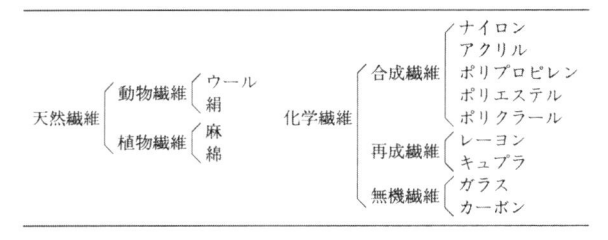

```
                    ┌動物繊維┌ウール              ┌合成繊維┌ナイロン
                    │        │絹                  │        │アクリル
天然繊維            │        └                    │        │ポリプロピレン
                    │植物繊維┌麻          化学繊維│        │ポリエステル
                    └        └綿                  │        └ポリクラール
                                                  │再成繊維┌レーヨン
                                                  │        └キュプラ
                                                  └無機繊維┌ガラス
                                                           └カーボン
```

表3.4　パイル素材の特徴

特徴＼素材	ウール	レーヨン	ナイロン	アクリル	ポリプロピレン
耐久性	丈夫で耐久性は抜群によい	柔らかくて、耐久性がない	耐久性は良好	軽くて柔らかく、摩擦にも強い	軽い繊維で耐久性はあまり良くない
弾力性	弾力性は最高に良い	へたりやすく、弾力性にとぼしい	復元力があり、弾力性は大変によい	弾力性は良好	硬い感触で弾力性は良くない
帯電性	吸湿状態では静電気は発生しない	静電気はおきない	一般的には静電気が起きるが、近年は制電性の素材が開発された	静電気はおきない	糸染めはおきない
染色性と汚れ	染色性が良く、汚れにくい	汚れやすいが染色性が良く、他の繊維との混紡が多い	若干汚れやすいが染色性は一部の色を除いて良好	染色性は良いが汚れやすい	染色性はやや悪い
防火性	燃えにくく、こがしても焼けこげが目立たない	燃えやすい	炎があたると溶ける	炎に溶けて繊維によっては急速に燃える	炎に溶ける
価格	高価	低価格	普通	やや低価格	やや低価格

a. ウール

　圧迫に対する復元力や弾力性をもち、丈夫で耐久性もたいへんよい。また、汚れにくく、燃えにくく、焦がしても跡が目立たない。デザイン的にも染色性がよく、保温性もあり、総合的にみて大変優れた特徴を多くもっている。天然繊維で問題となる虫害については、防虫加工によって対処している。また、耐摩耗性強度を上げるため、あるいはコストを下げるために、ナイロンなどの化学繊維を混紡することも多い。

b. ナイロン

　石油や石炭を原料とした合成繊維である。カーペットの素材としての弾力性、耐摩耗性は高く、歩行量の多い場所に適している。耐水性、耐薬品性、防虫性もよいが、熱に弱いという欠点がある。

問題となる静電気の発生については、制電加工やカーボン繊維の混入によって対処している。若干汚れやすいが染色性はよく、コスト面からみても、最も有用なカーペット素材として多く使用されている。

c. アクリル

石灰岩や石炭、石油を原料にして製造される。弾力性、復元性ともに優れた素材で、保温性もよく帯電性もない。染色性もナイロンより優れているが、欠点としてパイル糸に毛羽立ちが起こりやすく、そのために汚れやすい。また、防火性は劣り、一部のアクリル繊維は火炎に溶けて急速に燃え広がることがある。

d. ポリプロピレン

石油を原料としてつくられ、合成繊維の中では最も軽い素材である。耐薬品性はよいが、耐熱性、弾力性、染色性はやや劣る。また、耐久性に乏しく、ピーリング（毛玉）が出やすい。レベルループやニードルパンチなど、硬さのあるカーペットに使用される。

e. レーヨン

木材パイルからの再生繊維で、絹に似た光沢と手触りに特徴がある。カーペット素材としては、他の繊維と比較して弾力性、耐久性、防火性とも劣るが、染色性はきわめて良好である。非常に低コストで、他の繊維となじみやすいので、ウールやナイロン、その他の化学繊維と混紡して使用することが多い。

(4) カーペットの規格と性能

ウィルトンカーペットやアキスミンスターカーペットのような機械織りカーペット、機械刺しゅう（タフテット）カーペット製品などは、製織機によってロール状に生産されるため、織機の幅によって寸法の規格がある。また、品質の規格については、JISおよび業界の定めた品質基準によって保障されている。

カーペットの床仕上げは、インテリア全体のカラーコーディネーションともあいまって、室内環境のデザイン性が向上する。歩行面においても適度な弾力性とソフトな感触によって、足元回りに心地よく、歩行が楽になる感性的な性能が期待できる。

機能的には、保温性が高められ、音響性能がよくなることも期

写真3.5
多様なカーペットの規格と性能

待できる一方、静電気に対する問題の解決が求められる。また、床材として長く使用していても材質に変化が少なく、防虫、防かび、摩擦に強く、日常的な汚れが少ないことも望ましい性能である。

先述のように、インテリア全体のデザイン効果と室内環境の性能を左右するのがカーペットの品質であり、これを決定する要素として、製法上では織り方、パイルの素材の種類、そして、カーペットのパイル密度の3点があげられる。

以下に感性的、機能的、耐用的な面からの性能を述べる。

a. 感性的性能

カーペットの色調、模様、風合いなどのデザイン性によって、インテリアとしての装飾的効果が期待できる。また、快適な歩行性を確保するために、ソフトな感触と適度な弾力性が求められる。

b. 機能的性能

保温性能については、パイル素材の種類による影響はなく、カーペットの厚みが大きくなるほど高まると考えられる。音響性能については、残響時間の抑制、騒音の防止、吸音はカーペット自体の空隙によって行われ、一般的に吸音性能を高めるためには、カットパイルがよいと考えられる。

先述の保温性能や音響性能は、下地など他の材料が複合的に働いてさらに性能が高められる。たとえば、下地にフェルトが使用されていれば、保温性能や音響性能がよくなり、弾力性もよくなる。

耐静電性や不燃性については、インテリアの用途に限らずつねに求められる。また、防炎性能については、消防法によって規制対象の建物とともに定められている。

c. 耐用的性能

カーペットには、耐摩耗性を含めた耐久性が要求され、居室の用途や使用頻度によって歩行量を重歩行、中歩行、軽歩行の3段階に分け、その歩行量に対応した強度のカーペットを選択することが望ましい。

カーペットの耐久性を決定する要因は、パイルの緻密度と素材である。製法が同じカーペットでは、打込み密度が高く、パイル

重量が大きいほうが有利で、パイル素材の種類では、ウールが一番耐久性が高く、ついでナイロン、アクリル、ポリエステル、レーヨンの順となる。

経年変化は耐久性との関係が深く、長期の使用においてもパイル糸の退色、ほつれ、摩耗が少ないもの、また、防虫、防かび、防汚性を備え、湿気のあるところでも変質しない品質が望ましい。なお、防炎性は、組織が緻密で重いカーペットほど燃えにくく、防炎性能が高くなる。

表3.5 歩行量の部屋別分類

歩行量	建物別	部 屋 別
・重歩行 （過酷な通行量）	ホテル	エントランス，ロビー，床下，階段 レストラン
	オフィス，銀行	エントランス，一般オフィス，床下，階段
	美術館，劇場	エントランス，ロビー，床下，階段
	病院	エントランス，待合室，床下，階段
	店舗，デパート	売場，客用階段
	飲食店	エントランス，客席部分，サービス床下
・中歩行 （中程度の通行量）	ホテル オフィス，銀行 図書館 住宅	ラウンジ，宴会場，客室，客室床下 役員室，会議室 ラウンジ，閲覧室 玄関ホール，床下，階段
・軽歩行 （軽度の歩行量）	オフィス，銀行 住宅	休憩室 居間，食堂，寝室

3.1.4 壁装材（壁紙）

壁や天井に貼る仕上げ材を総称して壁装材といい、その種類には木質系、プラスチック系、金属系、ガラスなど様々な材料があり、代表的な材料として壁紙がある。壁紙は材料コストが比較的安価で、簡易な施工で美しく仕上げることができるため、住まいやパブリックエリアの内装仕上げ材として広く一般的に使用されている。

写真3.6
壁紙貼りのリビングインテリア

壁紙の中でも大量生産によるビニル壁紙はさらに安価で施工性もよく、色、柄、テクスチュアなどのデザインも豊富であるため、選択の幅が非常に広くなっている。

壁紙の発祥は中国といわれ、14～17世紀の明代には家屋の内

部壁面に紙が貼られていたといわれる。ヨーロッパにおける壁紙の歴史は16〜18世紀に始まるが、18世紀後半の産業革命から19世紀に入って、壁紙製造機の発明や印刷技術の発達により、壁紙による室内装飾が一般的に広がりを見せた。19世紀後半、アーツ&クラフツ（工芸復興運動）の指導的役割を果たしたウィリアム・モリスによって、家具、ステンドグラス、織物などとともに壁紙の新しいデザインが提唱された。モリスの壁紙は、躍動的な曲線で描かれた花や葉のリズミカルなデザインで、壁紙の装飾様式の完成ともいえるもので、今日もなお幅広い支持を受けて生産され続けている。

(a) アカンサス 1875　　(b) クリサンセマム 1877

図3.19　ウィリアム・モリスの壁紙

　伝統的なヨーロッパの壁紙はデザインを重視した装飾壁紙が一般的であるが、日本では第二次世界大戦後に内装建材用として品質や機能を重視した壁紙が多く開発されてきた。ビニル壁紙はその代表的なもので、塩化ビニルの壁紙への応用により、量産による技術開発が進められた。日本では、大量生産によるビニル壁紙の消費量が壁紙全体の大半を占めている。

(1) 壁紙の種類

　一般的には壁紙を構成する素材別に分類され、主なものとしてビニル壁紙、紙壁紙、織物壁紙、木質系壁紙、無機質系壁紙がある。また、壁紙の建材化に伴い、防汚性、通気性など、様々な機能を付加した製品も開発されている。

a. ビニル壁紙

　生産量も多く、デザインや色柄などの種類も豊富、廉価で施工性もよい。また、耐水性、耐薬品性に優れ、汚れも簡単に布でふき取ることができる。反面、通気性に乏しく結露しやすい欠点があり、結露を放置するとカビが発生することがあるが、近年では

防カビや汚れ防止として特殊フィルムをラミネートしたものや通気性をもたせた製品もある。

i エンボス無地壁紙

表面に型押しによるエンボス加工をして、布目、レザータッチなどのテクスチュアを表現したもの。

ii エンボスプリント壁紙

エンボス加工と同時にプリントを施したもの。木目模様、花柄など多種多様である。

iii 発泡ビニル壁紙

発泡ビニルを用いて素地に厚みとやわらかさをもたせたビニル壁紙。その上にプリントやエンボスを加えている。

iv ケミカル発泡壁紙

発泡を止める働きのインクでプリント部分だけ発泡させないようにして製造する。

v 塩化ビニルチップ壁紙

塩ビ樹脂を粒状にし、接着材を塗布した基材の紙に散布して熱加工を施したもの。聚楽壁の風合いをもつものなどがある。

写真3.7 壁紙の種類

b. 紙壁紙

一般的な製法は、原紙を縦横貼り合わせたもので、壁紙表面にプリント加工または型押しのエンボス加工を施したものである。デザインや色調は豊富、多色物が多く色の耐候性も非常によい。

i 洋紙壁紙（一般紙壁紙）

機械漉きの洋紙の表面に色柄を印刷したり、エンボス加工を施したりしたもので、表面が樹脂加工されているので埃がつきにくく汚れにくい。下地になじみやすく、比較的貼りやすい。また、貼替え時には裏紙が下地に残るため、簡単にはがしやすい。多くがアメリカやヨーロッパからの輸入品である。

ii 和紙壁紙

鳥の子紙や新鳥の子紙など、ふすま紙として生産された和紙を壁紙に流用したもの。鳥の子は楮を主原料とした手漉き和紙の高級品であり、新鳥の子は楮を主原料としてパルプを混ぜて機械漉きした和紙で、安価だが耐久性では劣る。また、特殊和紙として、和紙に金箔をちりばめたり、地絞りしたものがある。

写真3.8 和紙壁紙貼りの落ち着いたインテリア

c. 織物壁紙

　各種織物を利用するだけでなく、不織布やフロック（植毛）製品まで含め、多くの種類がある。織物独特の風合いをもち、紙壁紙やビニル壁紙と比較してやわらかい質感に高級感がある。ただし織り目に埃がつきやすく、退色しやすいという欠点はあるが、吸音効果や断熱効果がある。

　素材としては、絹、毛、綿、麻などの天然繊維、レーヨン、ナイロン、アクリルなどの合成繊維を用いたものがあり、下地へのなじみをよくし、接着強度を向上させるため、織物を紙で裏打ちして壁紙用としている。

ⅰ 平織壁紙

　ヘッシャンクロスとヘンプクロスがある。ヘッシャンクロスは、粗めの麻布で毛羽立ちを防ぐために表面を樹脂加工しているが、退色しやすい欠点がある。ヘンプクロスは、麻とレーヨンの混紡で若干目の細かい布目のもので、和風の風合いがある。

ⅱ 綾織壁紙

　ヘリンボーンやサージなど、斜めに線が入る織物組織を用いた壁紙で、布面は平織りよりも光沢がある。

ⅲ 朱子織壁紙

　サテンなど、非常に光沢があり、滑らかでやわらかい織物組織を用いた壁紙。

ⅳ 不織布壁紙

　スウェード調の人工皮革壁紙など、ポリエステル混紡の短繊維

をフェルト状に絡み合わせて接着し、紙で裏打ちしたもの。

v　植毛壁紙（フロック壁紙）

　紙などの基材に静電気で短繊維を植毛したもので、ヨーロッパで多く製作されている高級感のあるベルベット風の壁紙。立体的なデザイン柄のものが多い。

vi　ガラス繊維壁紙

　ガラス繊維布を用いた壁紙で、色数は少なく表面に光沢がある。比較的高価だが、熱に強く燃えにくく、耐薬品性に優れている。

d. 木質系壁紙

　天然木の単板やコルク板を用いたものがある。防火性能のほか、各種効果を生かした壁紙である。

i　天然木シート壁紙

　木質独特の自然の風合いが特徴で、チーク、ローズウッド、ウォルナット、マホガニーなどの天然木を薄くスライスした単板に紙や塩ビシートなどを裏打ちしたもの。

ii　コルクシート壁紙

　薄くスライスしたコルクシートを裏打ち紙に接着したもので、吸音効果がある。

写真3.9　コルクシート壁紙貼りのコーナー

e. 無機質系壁紙

水酸化アルミ、ガラス繊維、金属、ひる石などを素材とした壁紙で、防火性能など各種の性能効果を生かした壁紙である。

i 水酸化アルミ紙壁紙

水酸化アルミ紙の上にビニルを化粧したものが防火1級ビニル壁紙となる。防火1級ビニル壁紙は有機含有率が80g／㎡と決められているため、薄く、引張り強度が弱いので、貼替えの際にははがしにくいことがある。

ii ガラス繊維壁紙

水酸化アルミ紙壁紙同様、水酸化アルミ紙をベースにガラス繊維織物を貼り合わせたもの。

iii メタリック系壁紙

アルミ箔を裏打ち紙に貼り合わせたものや、金属箔を用いたものもある。表面にはプリント加工やエンボス加工が施される。

写真3.10 メタリック系壁紙貼りの輝き

iv ひる石壁紙

台紙の上にひる石を散布して接着した壁紙で、表面のひる石がはく離しやすいので、施工には注意が必要である。天井など、直接手の触れない部分に防炎用として使用される。

ⅴ 珪藻土壁紙

　珪藻土を接着したもので、吸湿性に優れている。その他無機質素材を接着したものにセラミック壁紙、聚楽壁紙などがある。

写真3.11　珪藻土壁紙貼りの壁

(2) 壁紙の規格と性能

　壁紙の仕様および寸法については、日本工業規格JIS-A6921に規格が定められている。最少有効幅は520mmおよび920mmと規定されているが、必ずしも統一されていない。幅は920mmのものが多いが、1000〜1200mmのものもある。長さは7.2mロールと50mロールが多い。

　壁仕上げとしての壁紙の性能面については、まず、色、柄や質感などのデザイン性が求められ、室内装飾のための視覚的効果が重視される。また、汚れにくく、汚れた場合も目立ちにくく簡単に汚れをとれることが肝要となる。その他、壁紙に当たる光や空気による変色などに対する耐候性、防かび性も重要である。防火性能に関しては、壁紙は単独ではその性能は認められず、防火性能を有する下地との組合せによって認められる。

　また、近年のシックハウス対策として、ホルムアルデヒドを飛散する接着剤の使用規制を行っている。

(3) 各性能に基づく壁紙の選択

それぞれのインテリアにより適切な壁紙を選択するために、以下に感性的、機能的、耐用的な面から性能を述べる。

a. 感性的性能

インテリア仕上げ材として、特に壁に貼られる壁紙は、色や柄などのデザイン的性能が優れていることが重要である。また、天井面に貼られる壁紙は、光の反射率のよい明色系で、質感のよいものが好ましい。

b. 機能的性能

壁や天井には、遮音性、保温性、吸音性、不燃性など多くの性能が要求されるが、いずれも壁紙単独で解決することは難しいため、下地や壁内部のインシュレーション材料と合わせて解決することが必要である。

c. 耐用的性能

特に、壁面に貼られた壁紙には、日焼けや退色、また、喫煙や冷暖房の空気対流による汚れ、人や物が触れる場所の汚れなどがあるが、経年劣化による汚れに対して変質の少ない壁紙が望ましい。

d. 壁紙の防火性能

壁紙は下地材との組合せによって防火性能を確定する。つまり、下地の防火性能によって、表面材としての壁紙の防火性能が決定される。壁紙そのものは、日本壁装協会の防火性能を保証するための検定によって1級から5級までの5段階に級別して認定されるが、建築基準法に規定された内装制限では、その下地基材の防火性能により不燃材料、準不燃材料、難燃材料の3段階に定められており、用途によって不燃材料などの使用が義務づけられている。

表3.6 検定級別による防火性能

基材の防火性能 \ 級別	1級	2級	3級	4級	5級
不 燃	不 燃	準不燃	不 燃	準不燃	難 燃
準不燃	準不燃	準不燃	難 燃	難 燃	難 燃

図3.20 防火壁材料の検定マーク

3.1.5 れんが

　れんがのもつ質感、風合いとれんが積みの素朴な美しさは、古くはヨーロッパの建築物に、近年ではわが国でも店舗、ホテル、商業施設や公共施設の周辺にまで、広い範囲で使われてきた。

　インテリアにおけるれんがの使用は、壁面や暖炉回りに化粧積みするなど、主に装飾的、デザイン的な目的で使われる場合が多い。また、床材として、外部アプローチや遊歩道、内部エントランスホールやパティオなどにも使用される。

　れんがは粘土などを型に入れて乾燥、焼成または圧縮してつくられる建築材料であるが、わが国では耐震上の理由から、れんがだけでつくる組積造の独立壁や構造壁は避けられ、主に内外装および床の仕上げ材として使用されている。

写真3.12　れんが壁のインテリア

(1) れんがの種類

　れんがの種類には、普通れんが、建築用れんが、耐火れんがの3種類と、内外装化粧用のれんがタイルがある。各々のれんがは、原料、焼成温度、形状、寸法が異なり、色調、品質、性能にそれぞれ特徴がある。

　インテリアで一般的に使用されるのは、普通れんが、建築用ようかん型れんが、れんがタイルなどである。

a. 普通れんが（JIS R1250）

　最も一般的なれんがで、焼成温度は900〜1100℃と比較的低く、

耐火的ではあるが、低強度である。用途的には、一般の床敷き、内装化粧積みに用いられる。

b. 建築用れんが（JIS A5213）

1000〜1350℃の高温で焼成されたもので、建築物の構造壁体および内外装仕上げ材などに用いられる。現在、わが国ではほとんど製造されていない。

c. 耐火れんが（JIS R2205、R2206、R2213など）

最も高温で焼成されたもので、一般的に炉材として使用されるが、住宅などでは暖炉回りの直接火が当たる部分のように、耐火性能を必要とする場所に用いられる。

(2) れんが積み（貼り）のデザイン

インテリアで使用されるれんがは、内装壁に一般れんが、建築用ようかん型れんが、れんがタイルなどが用いられ、床貼りには一般れんがと建築用ようかん型れんがが使用されることが多い。

内装壁の積み方には、イギリス積み、フランドル積み[*1]、長手積み、小口積みなど、多くの方法がある。

a. イギリス積み

正面から見たときに、ひとつの列は長手、その上は小口、その上は長手と重ねていく方法。

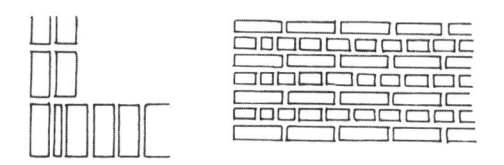

図3.21　イギリス積みデザイン

b. フランドル積み

正面から見たときに、ひとつの列に長手と小口が交互に並んで見える方法。

[*1] 明治時代にフランスと誤訳したため、フランス積みともいわれる。フランドルはベルギー全土からフランス東北部の地名。

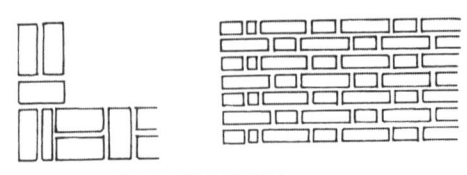

図3.22 フランドル積みデザイン

c. 長手積み

すべての列に長手だけが見えるように重ねる方法。

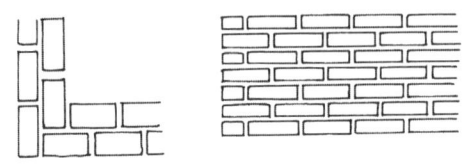

図3.23 長手積みデザイン

d. 小口積み

すべての列に小口だけが見えるように重ねる方法。

図3.24 小口積みデザイン

床貼りのパターンにも各種のデザインがあるが、一般的な貼り方としては、いも貼り、うま踏み、三つ目市松などがある。

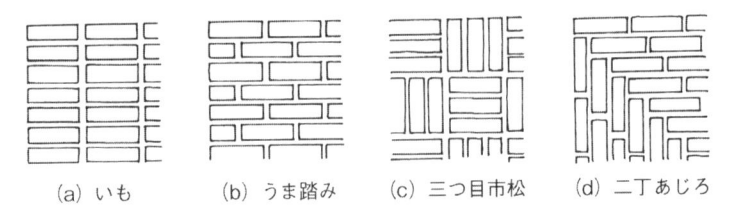

(a) いも　　(b) うま踏み　　(c) 三つ目市松　　(d) 二丁あじろ

図3.25 レンガの床貼りデザイン

(3) れんがの規格

れんがの規格と性能については、JISで定められている。

普通れんがの標準寸法は210 × 100 × 60 mmで、圧縮強度や吸水率により4種、3種、2種の規格があり、4種が最も品質が高い。

建築用れんがは外形によって全型、ようかん型、半ようかん型、

半ます型などに分けられ、それぞれ寸法、吸水率、圧縮強度が定められている。建築用ようかん型れんがの標準寸法は、210×50×60mmとなっている。

3.1.6 陶磁器質タイル

陶磁器類は、天然の粘土を練り固めて成形したのちに焼形したもので、硬度の高いものから、磁器、炻器、陶器、土器の4種類に分けられる。

(1) 陶磁器質タイルの種類

陶磁器質タイルは耐久性、耐火性に優れた内装仕上げ材料のひとつで、寸法精度・品質精度も高く、施釉による表面処理によって多種多様の色調とテクチュアをもつ。

用途別には、外装、内装（壁）、床、モザイクなどの種類がある。内装タイルとして壁面に使用されるものは、主に硬度が比較的低い陶器質タイルであるが、磁器質や炻器質タイルもデザイン的に使用されることがある。床タイルとしては、硬度が高く吸水率の低い磁器質タイルや炻器質タイルが一般的であるが、水回りには小型のモザイクタイルも使用される。

近年、インテリアで使用されるタイルは大型化とデザイン化が進んでおり、色や柄、デザインおよびサイズのバリエーションが大変豊富である。陶板画などのアートワーク用としてもつくられている。

以下、陶磁器質タイルの種類を素地、釉、仕上げ面に分類して述べる。

表3.7 陶磁器質タイルの種類と素地の性質

種類	素地の質	吸水率(%)	吸水性	うわぐすりの有無	原料	焼成温度	性質および主な産地
磁器質 porcelain	不浸透性	0	非吸水性	施釉 無釉	粘土(少量)、陶石	1300～1400℃	素地はおおむね白色。ガラス質で吸水性がない。透光性があり、打てば金属音がする。機械的強度大で破断面は貝殻状を呈する。
	溶化性	1未満					
炻器質 stoneware	ほぼ溶化性	1以上3未満	吸水性少ない	施釉 無釉	粘土、陶石(少量)	1200～1300℃	一般に有色で、吸水性は小さく、透光性に乏しい。打ち音は澄んだ音がする。
	半溶化性	1以上10未満					
陶器質 pottery	非溶化性	10以上	吸水性あり	施釉	粘土	1000～1200℃	素地では多孔質で吸水性があり、打てば濁音を発し、透光性はほとんどない。硬さや機械的強さは磁器に比べて小さい。

3.1 インテリア仕上げ材の種類

表3.8 用途別タイルの材質と寸法

用途による呼び名	材質		寸法		目地幅	
	素地	吸水率	一般の呼称	寸法(mm)	横	縦
外装タイル	磁器	1.0%未満	四丁掛け	227×120	10～15	8～15
	炻器	10.0%未満	三丁掛け	227× 90	10～15	8～15
	陶器	15.0%未満	二丁掛け	227× 60	10～12	6～10
			小口平	108× 60	10～12	6～10
			ボーダー	227×(30・36・45)		
内装タイル	磁器	1.0%未満	50(ごまる)角	152×152	2～3	2～3
	炻器	10.0%未満	36(さぶろく)角	108×108	2～3	2～3
	陶器	22.0%未満	33(さんさん)角	98× 98	2～3	2～3
			25(にご)角	75× 75	1.5～2.5	1.5～2.5
床タイル 床用	磁器	1.0%未満	60(ろくまる)角	180×180	15～20	
	炻器	10.0%未満	50(ごまる)角	152×152	10～15	
			36(さぶろく)角	108×108	10～13	
階段用			50(ごまる)階段	152×75	3～5	
			36(さぶろく)階段	108×75	3～5	
			50(ごまる)たれ付け	152×(75+30)	3～5	
			36(さぶろく)たれ付け	108×(75+30)	3～5	
タイルモザイク	磁器 陶器	1.0%未満	寸5角	47×47	3	3
			寸3角	40×40	3	3
			8分角	25×25	25	25
			6分角	19×19	25	25

a. 素地による種類

i 磁器質（porcelain）

石英や長石と若干の粘土を原料として、1300～1400℃の高温で焼成したもの。吸水率は1％以下で、陶磁器の中では最も硬く、叩くと金属音がする。耐候性（耐凍害性）、耐久性に優れ、透光性がある。

・磁器質外装タイル

凍害を避けるため吸水率が低い。はく離を防止するため施工面をあり足形状とし、高さを1.5mm以上と規定している。自然な風合いでクラフト的な湿式と、仕上がり精度が高くクールな印象の乾式がある。

・磁器質床タイル

吸水性の低さとともに、耐候性、耐摩耗性、耐衝撃性もあり、さらには、汚れにくく、汚れがおちやすい。近年は各種商業施設、パブリックスペースなどにも使用されている。滑りにくいことも重要な性能である。

写真3.13　磁器質タイルを使ったインテリア

・磁器質モザイクタイル
　1枚が50mm以下で、通常は台紙貼りにされてユニットとなっている。目地が多いのでノンスリップ効果があり、内外装の床や壁、特に浴室、トイレなど水回りの床に使用される。

ii　炻器質（stoneware）
　陶石と粘土を原料として、1200～1300℃程度で焼成したもの。吸水率は10%以下で硬く、叩くと澄んだ音がする。耐候性（耐凍害性）、耐久性に優れている。

iii　陶器質（pottery）
　粘土を原料として1000～1200℃程度で焼成したもの。透光性はなく、厚手で重く、叩くと濁音を発する。素地は多孔質で吸水率は22%以下と高い。釉薬を用いる。
　内装タイルは外装タイルに比べてより近くで見られるので、寸法精度が高い乾式成型の陶器質タイルが一般的である。乾式成型とは、粉末にした原料をプレス成型する方法で、乾燥設備が不要で大量生産にも適している。カラーバリエーションが多く、デザインの種類も豊富である。

iv　土器質（earthenware）
　粘土を原料として、窯を使わず、素焼きで700～900℃程度で

焼成したもの。一般に釉薬は用いない。素地は多孔質で吸水率はかなり高い。

写真3.14　土器質タイルを貼ったインテリア

写真3.15　ラスター釉

写真3.16　ラフ面

写真3.17　スクラッチ面

写真3.18　テッセラ面

b. 釉による種類

i　ブライト釉

　釉により光沢やつやを出したもの。

ii　マット釉

　微細な気泡などを生ずるように、釉によるつや消しのもの。

iii　ラスター釉

　光彩を発する釉を700℃程度で表面に蒸着させたもの。

c. 面仕上げによる種類

i　ラフ面

　素地面をピアノ線などで一度剥いだもので、ひっかいたような粗い面状になる。

ii　スクラッチ面

　釘などで表面をひっかいたもの。

iii　テッセラ面

　割肌面ともいい、成型乾燥後にふたつに割り、その面を表面に

したもの。

ⅳ　はつり面

　　乾燥素地の表面をノミなどで粗くはつったもの。

ⅴ　ブラスト面

　　焼成後のタイルの表面に小さな硬球を打ち当てて荒らしたもの。

(2) 陶磁器質タイルの形状と目地デザイン

a. タイルの形

　陶磁器タイルの形状には平物と役物があり、平物には正方形や長方形などの四角形が多いが、不規則な形状のものもある。役物は出隅や入隅を納めるためのタイルで、出隅コーナー用に面取りしたものや、入隅コーナーや幅木用に湾曲したものがある。

　平物タイルの大きさは、モデュール割りしやすいように、目地共の寸法で100㎜角、200㎜角などで呼ぶことが一般的である。近年では、モザイクタイルなどをシート状にネットで結んで施工しやすくしたものがある。

b. タイルの目地

　タイルの目地デザインには、いも目地、うま目地、四半目地があり、目地幅は内装壁タイルの場合2～3㎜が一般的で、床タイルの場合は10～20㎜程度となる。また、タイルの大きさに誤差がある場合は目地を大きくとることが多い。

　タイル目地にははく離防止や防水を目的として、通常モルタルや白セメントを充てんするが、一般的に目地の色はタイルと調和する色調の目地セメントを選ぶ。

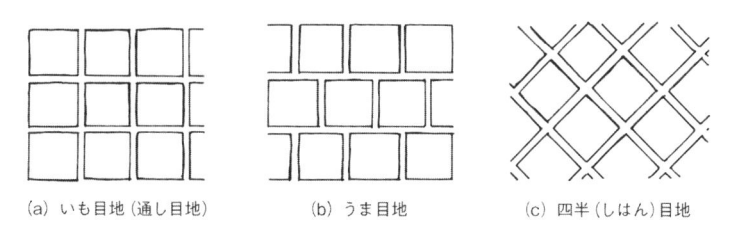

(a) いも目地（通し目地）　　(b) うま目地　　(c) 四半（しはん）目地

図3.26　タイル目地のデザイン

(3) 陶磁器質タイルの規格

　陶磁器質タイルは、JISにより、素地の質と用途による区分が

規定されており、内装タイルには陶器、炻器、磁器、外装タイルには炻器、磁器、床タイルには炻器、磁器を使用するように定められている。また、床用モザイクタイルには陶器、磁器の2種類の素地が適用されている。

　品質については、JISにより主として吸水率について規定されており、磁器が1％未満、炻器が10％未満、陶器が22％未満と定められている。硬度については、陶石を主原料として粘土を若干加えた焼成温度の高い磁器が最も硬く、ついで陶石を少量にした中温度焼成の炻器、粘土を主原料にした陶器の順となる。したがって、陶磁器質タイルでは、陶石を多く用いた硬質なものほど吸水率が低くなっている。

　陶磁器質タイルを仕上げ材として貼る場合、外装タイル、床タイル、モザイクタイル、内装タイルの順に耐候性と強度を必要とする。また、吸水率では外装タイルが一番低く、内装タイルは比較的高い吸水率の素地を用途区分に適用している。

表3.9　タイルの用途による区分

呼び名	素地の質	用途による区分
内装タイル	磁器，炻器，陶器	主として内装に用いられるタイル
外装タイル	磁器，炻器	主として外装に用いられるタイル
床タイル	磁器，炻器	主として床、階段に用いられるタイル
モザイクタイル	磁器	内外装の壁と床に用いられる

3.1.7　石、人造石

　石の文化圏であるヨーロッパでは、古代ギリシャ・ローマ時代から石造の建物が造られてきた。一方、有史以来の優れた木造建築や木工芸などの歴史が培われてきた木の文化圏であるわが国では、石材の利用は近年になってからで、明治時代の洋風建築の移入により建築や内外装に用いられるようになった。しかしながら、大正12年（1923）に起こった関東大震災以降、耐震的な理由から石材の建築構造材としての使用はほとんどなくなり、むしろ内外装、床材として多く利用されるようになっている。

　近年では、オフィスビル、ホテルや商業施設、住まいのインテリアにまで大理石や花崗岩などが多く用いられている。また、家

写真3.19
石像で飾られたケルン大聖堂のファサード

具、照明器具、テーブルウェアなどにも使用されている。

(1) 石とインテリアデザイン

石材は、材質的に品質が高く、気品があって、インテリアを豪華にする材料のひとつである。内装仕上げ材や床仕上げ材として用いられる石材の種類は、主に花崗岩、砂岩、大理石、蛇紋岩などである。

花崗岩は硬く、耐久性があり、磨くと表面の色調が美しいが、床に使う場合にはジェットバーナーやびしゃんや小叩きなどの表面仕上げを施すことによって、滑りを防止し温かい表情を出すこともできる。

砂岩や石灰岩は粗密で光沢はほとんどないが、やわらかいために表面に多種類の仕上げを施し、豊かな表情を出すことができる。

大理石は、他の石材に比べて耐久性に劣るが、結晶が緻密で品がよく、優雅で、表面を磨くとさらに美しいテクスチュアとなる。

蛇紋岩の肌は、大理石に似ていて、磨くと黒、濃緑、白の混色が美しく現れる。

石には多くの物理的特性と色調や表情があるが、インテリア空間それぞれの床、壁のデザインに適した石材を使用することが肝要となる。たとえば、インテリアの壁仕上げには大理石が多く使われ、デザインによっては砂岩、石灰岩、また公共空間などでは花崗岩も使用される。

床仕上げ材については、公共空間などでは花崗岩が主流であり、大理石は歩行量が軽度な住宅やブティックなどの商業施設、ホテル、オフィスなどの高級感が求められる部位に使用される。また、家具類のカウンターおよびテーブルの甲板には大理石や花崗岩などを使用することが多い。

(2) 石の種類とデザイン

石材の種類を組成上から分類すると、火成岩、水成岩、変成岩に大別される。岩石の比重は2.6〜3.3であり、一般に比重の大きいものほど緻密で硬く、圧縮強度が大きく耐摩耗性に優れている。石材の組成上の分類とその特徴は以下の通りである。

a. 火成岩

マグマが冷えて固まった岩石で、安山岩（鉄平石、軽石）など

のマグマが急激に冷えて固まった火山岩と、花崗岩（御影石）などのマグマがゆっくり冷えて固まった深成岩のふたつに分類される。

ⅰ 御影石

　国内産地は全国に分布し、茨城県の稲田石や香川県の庵治石などが有名だが、近年は輸入材が多い。色調は黒、グレー、茶、ピンクなど。他の石材に比べて結晶が大きく、硬くて耐久性や耐摩耗性は大きいが、耐火性はやや劣る。内外装、通行量の多いインテリアの床や階段などに使用される。

写真3.20　御影石を使ったインテリア

ⅱ 安山岩（鉄平石）

　安山岩は全国に分布し、鉄平石は長野で産出される。鉄平石は濃い暗色で光沢はなく、ガラス質の細かい結晶からなり、硬く、耐火性、耐久性、耐摩耗性がある。内外装、床仕上げ、外構回りに利用される。多孔質で断熱性の大きい軽石も安山岩の一種である。

b. 堆積岩

　泥、砂、礫、火山灰、生物の遺骸などが海底や湖底、地表などに堆積して固まった岩石。砂岩（多胡石）、粘板岩（玄昌石、ス

レート）、凝灰岩（大谷石）、石灰岩などがある。

ⅰ 粘板岩（玄昌石）

　通称スレートと呼ばれ、宮城県産の玄昌石は黒色で光沢がある。床や壁材として使用されるが、耐水性、耐火性が高く、板状に加工されて曲げ強度が強いため屋根葺き材に多用される。

ⅱ 砂岩（多胡石）

　光沢はなく加工は容易だが風化が早い。耐火性はあるがもろく、インテリア壁用に用いられるが、吸水率の大きいものは外装に使用するときに注意が必要である。群馬県産の多胡石は硬質で粒が粗く茶色の木目模様がある。輸入材も多い。

ⅲ 凝灰岩（大谷石）

　軽く、吸水性の大きい軟石で、やわらかく、加工しやすい。また、耐火性はよいが強度、耐久性に乏しくもろい。大谷石は栃木県で産出され、緑色を帯びた石で、古くから塀や炉などに利用されてきた。ライトの旧帝国ホテルにも使われた。

ⅳ 石灰岩（ライムストーン）

　海底の炭酸カルシウムを主成分とする堆積岩で、ベージュやアイボリーのやわらかい色彩のものが多い。ヨーロッパでは歴史的建築物に使用されているが、吸水性が高く、日本国内では内装壁仕上げ材として使用されることが多い。

写真3.21　ライムストーンを使ったインテリア

c. 変成岩

既存の岩石が熱や圧力などを受けることにより、岩石の構造などが変化してできる岩石。大理石や蛇紋岩などがある。

i 大理石

石灰岩が高熱や高圧で結晶化したものが大理石である。大理石は気品が高く、磨くとその光沢が美しく、内装仕上げや家具には最適な高級材料である。硬く緻密であるが、耐久性は中程度で熱分解する。特に酸に弱く、屋外では徐々に光沢がなくなる。

大理石の模様は石目の方向によって異なり、白、グレー、ベージュ、ピンクなど、砕石地（産地）によって様々な種類がある。ほとんどが輸入品で、イタリア、ギリシャ、ポルトガル、スペインなどからのものが多い。

代表的なものに、古くから彫刻に用いられてきたビアンコカララがあり、ほかに無数の小穴をもつトラバーチン、透明感をもつオニックスなどがある。

・ビアンコカララ

イタリア産の中粒、白地にグレーの縞をもつ優れたテクスチュアの大理石。白い地色の程度によって等級分けされ、白いほど上級とされる。

・トラバーチン

虫穴のような空隙が特徴であり、床や家具に利用する場合は、樹脂などで目止めすることが多い。

・オニックス

細粒緻密であり、濃淡の模様が入り、透過性がある。優美な透明感をもつオニックスは家具や美術工芸品に広く用いられる。

i 蛇紋岩

変成岩の一種で、大理石に似た特徴をもち、磨くと黒、濃緑、白の入り混じった模様が美しい。

(3) 石材の表面仕上げ

石材は色調、模様とともに、表面仕上げがデザイン上重要なポイントになる。色調や模様は、産出地、採石された場所、原石によって決まるが、表面仕上げは加工法によって石肌の特徴をより如実に表現することができる。表面仕上げには、以下のような方

写真3.22
ミロのビーナス

法がある。

　a. **割肌仕上げ**

　　比較的軟らかい石を平たく割ったままの自然肌の仕上げで、一方向に割れやすい性質を生かしたもの。

　b. **びしゃん仕上げ**

　　のみきり程度の粗面を「びしゃん」という突起のついた槌で叩いて平らにした仕上げで、びしゃんの粗さや叩く回数によって仕上げ面に粗密が生じる。

　c. **はつり仕上げ**

　　表面に深く凹凸ができるように、割肌を「たがね」で深くはつる仕上げ。

　d. **小叩き仕上げ**

　　びしゃん仕上げ面を槌で叩き平滑面にする仕上げ。1～3回叩きがあり、3回では目が残らないほど平滑になる。

　e. **水磨き仕上げ**

　　鉄砂を使って円盤で仕上げ、さらに砥石を使って渦巻き研磨剤で磨く。

　f. **本磨き仕上げ**

　　水磨きの状態からさらに微粒子の砥石で磨き、つや出し粉を用いて美しい光沢のあるバフ仕上げしたもの。汚れや埃がつきにくく、ミラーフィニッシュともいう。

　g. **挽肌仕上げ**

　　機械で挽いたままの仕上げ。

　h. **ジェットバーナー仕上げ**

　　機械挽きした表面をバーナーで加熱し、表層の結晶をはく離させて粗面をつくる仕上げ。滑らない仕上げなので、御影石の床材などに施される。自然な風合いが出る。

　i **ショットブラスト（サンドブラスト）仕上げ**

　　鉄粉を高圧で吹き付けて粗面をつくり、滑りにくくした仕上げ。

(4) 人造石

　　大理石や花崗岩の砕石を種石にして、セメントなどでつなぎ成型したテラゾーと、本物に見せた人工の疑石に大別される。

a. テラゾー

大理石や花崗岩を種石にして、着色したセメントや樹脂をつなぎとして用い、混合成型したもの。主として内装材や床材として使用される。

ⅰ セメント系テラゾー

種石を着色したセメントと混合し、成型して磨き加工したもの。大理石や花崗岩の風合いをもつ仕上がりとなる。工場で板石状に成型したものを「テラゾーブロック」、規格寸法に板状にしたものを「テラゾータイル」という。

ⅱ 樹脂系テラゾー

種石をポリエステルなどの樹脂で固めたものをスライスし、磨き加工したもの。セメント系テラゾーより薄い板材もあるが、熱に弱い。

b. 擬石（キャストストーン）

本物に見せた人工の石材。石材の型の中にモルタルを流し入れて表面を石材に似せて塗装仕上げしたものや、種石を使いテラゾーと同様の工程で型枠内に打ち込み固めたものなどがある。主として外装用や外構用として使用される。

3.1.8 金属

インテリアにおける金属材料は、板、型、棒、線、丸・角パイプなど多種多様な形状で使用される。材質的な種類についてJISでは、鋼、ステンレス、アルミニウムに分類している。

一般に金属は強度が強く弾性があり、形状にばらつきがなく、仕上がりが美しい。また、防火材料として使用することができる。ただし、空気中にそのまま放置すると酸化しやすく、錆やすい性質があるので、塗装やメッキなど防錆のための表面処理をする必要がある。金属は切断、成型などの加工により、寸法精度のよい内装材や内装部品を製作することができる。また、家具や造作材料としても多用され、さらにはアートワークにも利用される。

(1) 鋼（スティール）

スティールは鉄に炭素が混ざった合金であり、含有する炭素量が少ないほど強度は小さくなるが、やわらかく加工性はよくなる。

また、スティール自体は酸化しやすく錆やすいので、塗装やメッキを施してインテリア材料に使用される。

(2) ステンレス

ステンレス鋼（ステンレススティール）は、鋼材に炭素を加えて強度を、さらにクロムやニッケルを加えて耐蝕性などを向上させた合金である。

磨き（ポリッシュ）、ヘアライン、バイブレーション、エッチング、着色など様々な表面仕上げを施すことによって美しい外観を呈し、また、耐用的には耐蝕性、耐熱性など優れた特徴をもった材料である。インテリア材料としては、内装材や家具材料として使用される。

写真3.23　ステンレスを使ったキッチンカウンター

(3) アルミニウム

アルミニウムは軽い金属で、空気中で表面が酸化してできた酸化膜によって腐蝕を自己防止する性質をもっている。一般にアルミニウムといわれているのは、純アルミニウムに少量のマンガンなどを加えたアルミニウム合金で、強度や耐蝕性をさらに向上させたもので、表面処理としては焼付け塗装やメッキ仕上げなどがある。

板材として使う場合、材質がきわめてやわらかいので、折り曲げ加工やプレス加工が容易で、その製品にはスパンドレルなどがある。また、塑性加工性も優れているので、押出型材として建具サッシや回り縁、カーテンレール、幅木などの役物部材、その他各種のパイプ材などがある。

3.1　インテリア仕上げ材の種類

3.1.9 ガラス

　従来は内装仕上げ材料としての使用より、窓や建具などの建築部品や家具などのインテリアエレメント部品に多く使われていた。しかし、近年のインテリア重視の傾向やガラス材料の技術革新によって、カラーガラスの壁装材への応用や液晶化ガラスの壁材への応用など、内装仕上げ材としての利用度が急速に高まった。また、ガラスのもつクリアな色調と透明感は、現代感覚に合致している。

(1) ガラスとインテリア

　ガラスは本来の透過性のほか、後工程としての様々な加工、さらに他のインテリア材料との組合せによって、様々な機能やインテリア効果をもたらすことができる。

　ガラスのインテリアへの応用例としては、透明ガラスやフロストガラスなどで透明・半透明・不透明の組合せをつくったり、ミラーやハーフミラーで空間の広がりをつくったり、さらに、カラーガラスなどで透明感のあるカラーコーディネートをしたり、多くのデザイン効果や感覚的演出が可能となっている。

　また、ガラスの機能的性能を生かす例としては、複層ガラスの窓やガラスブロックで遮音や断熱の効果を出したり、熱線吸収、熱線反射ガラスで太陽光の透過や吸収をコントロールしたり、強化ガラスや網入りガラスで安全性、防火性の働きをさせることもできる。

(2) ガラスの種類と性能

　ガラスは、普通ガラス、加工ガラス、特殊機能ガラス、装飾ガラスのグループに分けることができる。光に対する性能は、紫外線や可視光線の透過率などそれぞれの種類により異なっている。

a. 普通ガラス

　フロート板ガラス、型板ガラス、すり板ガラスの3種類がある。

i フロート板ガラス

　最も一般的な透明板ガラスで、高い平面精度があり、透過性に優れている。

ii 型板ガラス

　板ガラスの片面に装飾模様が刻みこまれた型板で、表面の凸凹

により光が拡散され透視が遮断される。

iii すり板ガラス

透明ガラスの片面をつや消し加工したガラスで、汚れがつきやすく、落ちにくい欠点がある。また、透明ガラスより強度が落ちる。

b. 加工ガラス

板ガラスを複数組み合わせたり、後加工を施したりして複合機能をもたせたもので、合わせガラス、複層ガラスの2種類がある。

i 合わせガラス

複数のガラスを特殊な中間膜を挟んで加熱圧着して強度を高めたもので、耐圧性や飛散防止性を備え安全性が高い。中間膜に装飾フィルムなどを加えた装飾合わせガラスもある。

ii 複層ガラス

複数のガラスの間に乾燥空気を密封して断熱性をもたせたもので、冷暖房の効率がよくなり、結露もしにくい。また、複層ガラスの間にブラインドを組み込み、電動操作するサッシもある。

c. 特殊機能ガラス

製造段階で異なった材料をガラスに複合、添加または加工処理し、新たに特殊機能をもたせたガラス類である。種類としては、網入り板ガラス、強化ガラスのほか、断熱、紫外線遮断、X線遮断などの特殊機能をもったものがある。

i 網入り板ガラス、線入り板ガラス

板ガラスの中に金属網もしくは、金属線を入れたもので、火災や地震時に破損しても飛散せずに防火や安全面で優れている。強度的には普通ガラスと変わらず、防犯上の性能はない。線入り板ガラスは金属網の代わりに金属線が入ったものである。

ii 強化ガラス

板ガラスを強化炉に入れ約600℃に熱したのちに急冷したもので、衝撃強度や曲げ強度は普通ガラスの約3〜5倍あり、約300℃の高温に対する耐熱性もある。割れると破片が細かくなりけがを防ぐ。強化後、切断などの加工ができないので注意が必要である。防犯性能は期待できない。

iii 熱線吸収ガラス

ガラスの製造過程で、微量の鉄、ニッケル、コバルト、セレン

写真3.24 型板ガラス

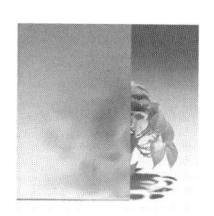

写真3.25 すり板ガラス

などの金属を添加して着色し、赤外線を吸収して室内の冷房効率を高めた透明色付きガラス。ブルー、グレー、ブロンズなどの種類がある。

iv 熱線反射ガラス

ガラスの製造過程で反射率の高い金属酸化物の膜を表面にコーティングし、太陽熱を反射して室内の冷房効率を高めたガラス。ハーフミラー効果があり、高層オフィスなどの窓ガラスに利用される。

v 調光ガラス

ガラスの間に液晶シートを挟み、この液晶に電圧をかけることにより透明・不透明を瞬時に切り替えることができるガラス。

vi 視野選択ガラス

ガラスの間に液晶シートを挟み、液晶シートの配列をある角度で固定したもので、一定方向からの視野を遮ることができる。

vii 低反射ガラス

フロートガラスの両面に特殊な多層コーティングを施し、ガラス表面の反射を抑えたもので、ショーウインドウなどに使用する。同様に反射を抑えたガラスとして、表面に細かい凸凹をつけて光を拡散するノングレアガラスがあり、絵画や写真などの額縁用として利用される。

viii 高透過ガラス

板ガラス特有のグリーンの色を取り除いたもので、博物館や美術館のショーケースなど、色の再現が強く要求されるものに使用する。

ix 防耐火ガラス

フロート板ガラスに特殊なエッジ加工と超強化処理を加えた防火設備、特定防火設備用耐熱強化ガラスで、網入りにせず耐火性をもたせたもの。ほかに高透過ガラスとけい酸ソーダ層を積層したものがある。

x 防音ガラス

特殊中間膜を挟んだ合わせガラスで、騒音によって起こる振動を熱に置き換えて音波を消滅させるもの。

xi 曲げガラス

　一般的には板ガラスを熱圧曲げ加工したもので、その他、型板ガラス、網入りガラス、熱線吸収ガラスなども使用する。回転ドアなどに利用される。

xii 結晶化ガラス

　本来透明であるガラスを結晶化させて大理石のような質感を出したもの。耐候性、強度ともきわめて大きく、キッチンカウンター天板のほか、内外装仕上げ材料としても利用される。

d. 装飾ガラス

　色やテクスチュアをもったガラスで、ガラスのもつ透明感と合わせてインテリアの演出に効果的である。

i カラーガラス

　ガラス裏面に特殊塗料を何度も重ねて焼き付けたもので、インテリアのカラーコーディネートに重要な要素となる。

ii ニューステンド

　板ガラスに色を特殊焼付けし、ステンドグラス風に模様を再現したもの。強度的な弱点を克服した装飾ガラス。

iii フロストガラス

　サンドブラストした表面をさらにフッ化水素で化学処理して滑らかにしたもの。

iv 壁装ガラス

　石材や木質材など、自然素材の表面柄や抽象的パターンをガラス裏面に転写、表現したもの。

写真3.26
壁装ガラス

v 装飾合わせガラス

　合わせガラスの中間膜に、色彩パターンを印刷したもの、もしくは壁紙、和紙、ラタンや木練り付け、パンチングメタルなどの各種仕上げ材を挟み、装飾性を出したもの。一般的には、3mmの透明ガラスを2枚合わせた6mm厚のものが使用される。

vi フュージングガラス

　30mm角、80mm角程度のハンドメイドのガラスパネルで、主にイタリアなどからの輸入品。工芸品に近いかたちで手づくりされる。

e. その他のガラス

i ガラスブロック

　20世紀初めにイギリスで製作された成型ガラス片を溶着して中空にしたブロック形のもので、内部が0.3気圧程度と真空に近いので、断熱、遮音、結露防止効果が大きい。やわらかい均一な光を室内に採り入れることができるので、インテリア空間に使用されることも多い。

写真3.27
ガラスブロック

ii プロフィリットガラス

　断面がコの字型の長いガラス部材で外壁材や間仕切り材として利用されている。

写真3.28
プロフィリットガラス

iii ステンドグラス

　ヨーロッパゴシック建築の教会装飾として発達したもので、図形に合わせて色ガラスをカットし、H型の鉛ジョイナーで接合し組み合わせたもの。開口部などにはめ込まれるが、強度がないので補強が必要である。

iv エッチンググラス（サンドブラスト）

　ガラス表面をサンドブラスト、不透明にしたのちにフッ化水素で処理したもの。一般的に全面にエッチングしたものをフロストまたはタペストリーといい、絵柄があるものをエッチングと呼ぶ。

v Vカット

　切り子のガラスカット同様に、板ガラス面をグラインダーの砥石でVカットしたもの。コンピュータ制御で自由に加工できる。

写真3.29
ゴシック教会のステンドグラス

f. アクリル

　光の透過率が大きく軽量で耐候性があるが、100℃以上で軟化、また、熱膨張率が大きく傷がつきやすい。家具にも用いられ、水族館の大水槽などでは貼り合わせた多層アクリルが使用される。

g. ポリカーボネート

　ガラスより軽量で破損しにくく、耐衝撃性に優れている。また、保湿性があり、燃えにくい特性もある。透過率も高いが、紫外線を受けると変色するため、着色した表面を他の樹脂で保護した製品が多い。保湿性があるため中空板も製作されている。

h. FRP

　FRP（ガラス繊維強化プラスチック：Fiber Glass Reinforced

Plastics）とは、プラスチックをガラス繊維で補強した複合材料の総称。軽量で強度があり熱膨張率は小さい。また、耐蝕性や耐薬品性に優れ、電気絶縁性があり、電波を通す特性がある。採光材料として拡散性はあるが、透過性は大きくなく変退色しやすい。椅子座面のシェルなど、家具にも多用されている。

写真 3.30
FRP のペデスタルチェア［デザイン／エーロ・サーリネン］

3.1.10 プラスチック

プラスチック（合成樹脂）には多くの種類があるが、大別すると熱硬化性樹脂系と熱可塑性樹脂系および合成ゴム系に分類される。

熱硬化性樹脂は一度固体化すると、あとで加熱しても耐熱温度が高いので軟化、溶解しない。熱可塑性樹脂は一度硬化しても、あとで再加熱すると軟化、溶解して、冷却すると再びもとに戻る性質をもっている。

インテリア材料として用いられるのは、熱硬化性樹脂ではポリエステルとメラミン、熱可塑性樹脂では塩化ビニルとアクリルなどである。主な製品には、化粧板、壁紙、床材、吹付け材およびシーリング材などがある。この中で板状製品として使用されるものには、メラミン化粧板、ポリエステル化粧板、アクリル板などがある。

公共空間の床仕上げ材としてはシート状、タイル状の製品が主役として大量に用いられている。また、塗り床仕上げ材、吹付け仕上げ材としてポリエステル系、エポキシ系、ポリウレタン系などのプラスチック樹脂が使用されている。

プラスチック系床材は、住宅から店舗、オフィス空間に至るまで幅広い範囲で使用されている。床材としての耐摩耗性や施工性に優れた特性をもち、コスト的にもきわめて経済的である。主流には、塩化ビニル樹脂を主体とした仕上げ材と、合成ゴムを主体とした仕上げ材があり、そのほか、アスファルト系、油脂系のリノリウムなどがある。

(1) プラスチック系シート

塩化ビニル系シート、ゴム系シート、油脂系シートがある。シートは幅の広いロール状の床仕上げ材なので、大きな床面積に使

用するのが有効であり、色柄などデザイン面での種類も多い。性能的には耐摩耗性や耐水性があって、表面も比較的滑らかなので歩行性にも優れている。

　プラスチック系シートの幅はおおむね1800mmのものが多く、長さは9、20、30m巻きとなっている。厚さは1.5〜4.2mmの範囲で、シートの種類によって異なる。

a. 塩化ビニル系シート

　ビニル系シートは主材料に塩化ビニル樹脂を用いているが、バッキング層の違いや充てん剤の割合、発泡層の有無によって、長尺塩化ビニルシート、インレイドシート、複合塩化ビニルシート（クッションフロア）に分類される。

ⅰ　長尺塩化ビニルシート

　バッキングの上に、充てん剤層、混合塩化ビニル中間層、着色塩化ビニル表層を積層したもので、耐摩耗性や耐水性に優れ歩行感覚もよい。

ⅱ　インレイドシート

　バッキング層とガラスマットの上に、塩化ビニルカラーチップを散布接着し、透明塩化ビニルをコーティングしたもので、カラーチップのモザイク模様が表面にある。

ⅲ　複合塩化ビニルシート（クッションフロア）

　バッキング層の上に発泡層、印刷色柄層、透明塩化ビニル表層を積層したもので、色柄やエンボスなどデザイン的な種類が多い。耐久性にやや難点があり、歩行量の多いパブリックスペースには不向きであるが、住宅などで多く使用される。

b. ゴム系シート

　天然ゴムや合成ゴムを主原料としたもので、弾性、耐摩耗性に優れている。

c. 油脂系シート（リノリウム）

　ジュートの織布に、亜麻仁油、石灰岩、天然レジン（松ヤニ）、天然色素、木粉、コルク粉などの天然素材を材料にして積層したもの。

(2) プラスチック系タイル

　塩化ビニル系タイル、ゴム系タイル、油脂系タイルがある。先

写真3.31
塩化ビニルシートを使ったインテリア

写真3.32
インレイドシートを使ったインテリア

述のプラスチック系シートと異なる点は、床貼りの際にタイル目地ができることだが、床材として耐摩耗性や耐薬品性などの性能はシートと同様である。

寸法は塩化ビニル系では300㎜角、450㎜角が一般的だが、木目調のものには100×900㎜、150×900㎜、180×1200㎜など、様々な種類がある。ゴム系では500㎜角が多い。厚さは塩化ビニル系では2.0〜3.0㎜、ゴム系では2.0〜10.0㎜とバリエーションが多い。

a. 塩化ビニル系タイル

塩化ビニルを主体としてつくられており、塩化ビニル樹脂の含有率によって、ホモジニアスビニルタイル、コンポジションビニルタイル、ピュアビニルタイルに分類される。

ⅰ ホモジニアスビニルタイル

塩化ビニル樹脂の含有率が30％以上のもので、含有率が高くなるほど耐摩耗性、耐水性、耐薬品性に優れる。発色が鮮明で、デザイン性に優れている。

ⅱ コンポジションビニルタイル

塩化ビニル樹脂の含有率が30％以下の汎用タイプのビニル床タイル。

・半硬質ビニルタイル

単一層で、経済的で耐荷重性がよく、単色または大理石模様などがある。

・軟質ビニルタイル

塩化ビニル率を高めて充てん剤を少なくしたもので、歩行感があり、耐摩耗性、デザイン性に優れている。

ⅲ ピュアビニルタイル

充てん剤を含まず、塩化ビニル樹脂の配合率が最も高いもの。

b. ゴム系タイル

天然ゴムや合成ゴムを基本材料としたもので、弾性、耐摩耗性に優れるが、耐油性に劣り、耐熱性に弱いので、熱による伸縮が大きい。

(3) 塗り床材料

プラスチック系塗り床は、一般に薄い塗膜で広い面積をシームレスに滑らかに仕上げることができる。性能としては塗膜面が強

写真3.33
コンポジションビニルタイルを使用したインテリア

写真3.34
硬質ビニルタイルを使用したインテリア

靱で、ある程度の耐摩耗性、防水性を備えている。

以下に、インテリアに使用されるプラスチック系塗り床材の種類と特徴をあげる。

a. エポキシ系

耐水性、耐薬品性に優れ、強度があるので、ベランダや工場床に適している。

b. ポリウレタン系

弾力性があって歩行感がよく、防滑性に優れているので、学校や体育館の床などに多く使用される。

c. ポリエステル系

耐酸性、耐油性に優れているので、耐化学薬品床などに使用されるが、アクリルに弱く、収縮も多少ある。

d. 酢酸ビニル系

弾力性はあるが、強度は低く、薬品に弱い。

e. アクリル系

仕上がりは美しいが、熱に弱い。

3.1.11　塗り壁材料、吹付け材料、塗装材料

塗り壁は、左官工事として現場で施工されるもので、壁や天井下地に湿式でこて塗り仕上げされる。また、吹付け材料も左官工事によって施工される内装壁や天井仕上げである。

塗料は、主に壁、天井や造作工事、家具の塗装仕上げに使用される。

(1) 塗り壁材料 (左官材料)

塗り壁は、結合材、骨材、混和材、顔料、水などで混成されている。その種類には、古来よりある土壁、漆喰壁、珪藻土壁などがあり、性能的には耐火性、耐熱性に優れている。

a. 土壁

ⅰ 聚楽壁

桃山時代以降、茶室や数寄屋建築で使われた土壁は、京都の聚楽土を使用していたため、この名になっている。本来、種類は多く、色々な意匠があった。

写真3.35
聚楽壁の茶室

ii 大津壁

　色土に消石灰を加えて磨き、土壁をより硬く押さえ込むことでより滑らかな仕上がり肌となる。高級仕上げとして価格も高い。

b. 漆喰壁

i 漆喰

　消石灰（水酸化カルシウム）に天然糊を加えて練り合わせる。空気中の炭酸ガスと結合して、もとの石灰岩と同じ組成に戻ることにより硬い壁となる。

ii 石膏プラスター塗り

　焼石灰（硫酸カルシウム）に混和剤、粘着剤、水を混入したもので、漆喰と同じように使用されるが、水溶性のため内装壁に使われる。

iii ドロマイトプラスター塗り

　ドロマイト（白雲石）石灰に、消石灰、セメント、水を混ぜたもので、塗ると炭酸ガスによりドロマイトに戻り硬化する。内装用であるが、漆喰より硬くなる。

iv スタッコ

　消石灰に、粘土粉、大理石粉、砂、顔料を混ぜて練ったもの。イタリアンスタッコと呼ばれ、ヨーロッパではルネッサンス期から盛んに壁仕上げに用いられている。

c. 珪藻土壁

　珪藻土は、水生植物プランクトンの死骸が堆積してできた層から採取される。保温性や断熱性に優れ、多孔質であることから吸湿性も高い。さらに、最近では自然素材であるため見直され、内外装に使用される。

d. その他

i リシンかき落とし

　大理石粉（現在は寒水砂が多い）を入れた白色セメントに彩色し、こて塗りをしたあとに、金ごての先やくぎなどでかき落とし、粗面に仕上げたもの。本来は左官仕上げであったが、最近は吹付けの仕上げが主流となっている。

ii 洗い出し

　種石の入ったモルタルで仕上げたのちにワイヤーブラシなどで

写真3.36
石膏プラスターによるインテリア

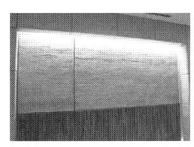

写真3.37
リシンかき落としによるインテリア

洗い出したもの。研ぎ出しや小叩き仕上げなどもある。

(2) 吹付け材料

左官工事としての吹付け材料には、セメントリシンをはじめとして以下の各種がある。性能的には、種類ごとに耐久性、耐火性、吸音性、断熱性を有するので、使用用途に適した材料を選択することが重要である。

a. **セメントリシン吹付け**

白色セメントを主材料に、寒水砂などを骨材とした凹凸のある吹付け材である。耐水、耐火、耐アルカリの性質があり、内外装壁に使用される。

b. **セメントスタッコ吹付け**

主材、骨材ともにセメントリシンとほぼ同様であるが、吹付け厚さは5～10mmと厚付けで、表面はスタッコ状に仕上げられる。

c. **合成樹脂エマルジョンリシン吹付け**

一般に聚楽壁と呼ばれ、材料はエマルジョン樹脂を主材に寒水砂などを骨材として顔料を加えたものである。色数が豊富、安価で主に内装壁に使用される。

d. **繊維吹付け**

エマルジョン樹脂を主材にして、パルプなどの繊維と色土や寒水などを混合したもの。色調やテクスチュアが豊富で、主に内装壁に使用される。

e. **吹付けタイル**

エマルジョン樹脂を中心にして寒水砂やけい砂を骨材とし、顔料を混入した吹付け材料である。色つやがよく耐水性、耐候性に優れ、主に内外装壁に使用される。

(3) 塗装材料

塗装は内装や家具などに塗料を塗って被覆することで、耐候性を与えるとともに、美しく仕上げる工程である。塗装材料は、古来の自然材料と、合成樹脂を成分とした合成樹脂塗料に大別される。

a. **自然塗料**

日本では古来より漆や柿渋などの塗料があり、生活に密着した使い方がされてきた。耐候性に乏しいのが欠点だったが、現在は、

合成樹脂塗料の溶剤への危険性から、自然塗料が見直されている。

ⅰ 漆

　漆の樹液が主成分の古来からの天然樹脂塗料。常温多湿で乾燥させるので時間がかかる。わが国には世界的に優れた漆工芸の伝統がある。漆の塗膜は硬くアルカリや油に強く、光沢があり美しい。耐候性がやや悪く手入れに手間がかかる。

写真3.38
八橋蒔絵螺鈿硯箱
［尾形光琳］

ⅱ カシュー塗料

　塗膜外観や性能が漆によく似ている。カシュー樹の実殻に含まれるフェノール性油を材料とする。漆と異なり湿気がないほうが乾燥しやすく、現場塗りが可能であるが、耐候性はよくない。

ⅲ 柿渋

　渋柿の実を砕いて絞り濾過して発酵させたもの。わが国では、昔から防水、防腐、防虫として、傘やうちわなどに利用されてきた。

ⅳ 弁柄（べんがら）

　主成分は酸化鉄で、黄色から暗赤色までの色種がある。京都の町屋の紅柄格子には防腐剤として使用されている。

b. 合成樹脂塗料

　自然塗料に比べ耐候性、施工性に優れ、現在使用されているほとんどがこの種類である。

ⅰ 油性ペイント（OP）

　オイルペイントと呼ばれ、植物性、動物性の油脂が原料となっている。安価で密着性、耐衝撃性、耐候性に優れるが、耐薬品性が悪く、粘着性があり、臭いが残るなどの欠点もある。また、乾燥に時間がかかる。

ⅱ オイルステイン（OS）

　木部の着色と木目を生かす仕上げに利用し、ワックス、ワニスや拭取りなどで仕上げる。

ⅲ ウレタンワニス（UC）

　ポリウレタン樹脂塗料。硬く、耐水性や耐摩耗性に優れ、光沢や半光沢などの表現ができる高級塗料。床材などに使用するものと、塗料液と硬化剤を混ぜて家具などに使用するものがある。

ⅳ クリアラッカー（CL）

　耐熱性、耐薬品性にやや難点があるが、透明な仕上がりが得ら

れ、家具の木部塗装に適している。

v 合成樹脂エマルジョンペイント1種（AEP）

アクリル系エマルジョンペイントと呼ばれている。色調の種類も多く、耐候性、保色性、耐水性がよいので、浴室外装やキッチンの内装、天井などに適している。

vi 合成樹脂エマルジョンペイント2種（EP）

水性系エマルジョンペイントと呼ばれている。耐水性、耐アルカリ性にやや劣るが、有機溶剤を含まないので安全かつ無公害である。また、安価で多くの種類があるので、室内の壁や天井などに最もよく使われている。

vii 塩化ビニル樹脂エナメルペイント（VE）

防かび性がよいのでキッチン、浴室などの壁や天井に使用されている。また、塗膜性能がよく、耐薬品性、耐アルカリ性に優れているので、モルタル下地などの壁や天井にも使用される。

写真3.39
塗装によるインテリア

3.1.12 断熱材料、吸音材料

断熱材料と吸音材料は、インシュレーション材料（絶縁材）にあたるもので、機能材料とも呼ばれている。

断熱材は室内外の熱を遮断する目的で、床、壁、天井下地に組み込んで施工される。また、吸音材は吸音作用を目的として、壁や天井下地に組み込んだり、音響関連やホールの内装や天井の仕上げ材として用いられる。

(1) 断熱材料

断熱材は、熱伝導率の低い材料で、無機質系、有機質系、天然系に大別される。

a. 無機質系断熱材

無機質系断熱材には、ロックウール、グラスウールがあり、いずれも下地に組み込んで使用する。

i ロックウール

石灰岩を高圧溶融させて吹き飛ばしたロックウール繊維に結合剤と混合材を加えて板状に成型したもの。400℃の高温に耐える性質があり、耐薬品性も良好である。ただし、吸水、吸湿性があるので取扱上濡らさないように注意が必要である。

ⅱ グラスウール

　けい石その他のガラス質を主原料として、高圧溶融したグラスウール繊維に接着剤を加えて乾式に加工成型したもので、安価で住宅などに最も広く使われている。吸水、吸湿性があるので、アルミ箔などで被覆して防湿性や施工性を高めている。

b. 有機質系断熱材

　有機質系断熱材には、ビーズ法ポリスチレンフォーム、押出発泡ポリスチレンフォーム、硬質ウレタンフォーム、高発泡ポリエチレン、フェノールフォームなどがある。

ⅰ ビーズ法ポリスチレンフォーム（発泡スチロール）

　緩衝性が高く、床や瓦下地材などの複雑な製品も製造できる。

ⅱ 押出発泡ポリスチレンフォーム

　ポリスチレン樹脂に発泡剤や難燃剤などを加えて押し出し、発泡、板状に成型したもの。畳床にも利用されている。

ⅲ 硬質ウレタンフォーム

　ポリオール、ポリイソシアネート、発泡剤などを混ぜ、短時間に高分子化と発泡成型を行ったもの。

ⅳ 高発泡ポリエチレン（ポリエチレンフォーム）

　ポリエチレン樹脂に発泡剤などを混ぜて製造された半硬質の断熱材で、耐水性、柔軟性に富んでいる。

ⅴ フェノールフォーム

　フェノールとホルムアルデヒドとの反応によって合成されるフェノール樹脂が原料で、熱伝導率が小さく、準不燃材の認定を受けられる。

c. 天然系断熱材

　天然系断熱材には、インシュレーションボード、炭化コルク、セルロースファイバー、ウールなどがある。

ⅰ インシュレーションボード（木質繊維）

　廃材の木材チップを蒸煮してほぐした繊維を成型した密度の低い多孔質板。

ⅱ 炭化コルク（木質繊維）

　コルクの粒を高温高圧で焼き固めたもの。焼くことで、コルク樹脂が溶けて接着剤となるので、接着剤は使わない。

ⅲ セルロースファイバー（木質繊維）

新聞古紙からリサイクル生産される断熱材で、自然素材の断熱材として注目されている。防音性、防燃性、防虫性に優れ、また、気密性が高く断熱性にも優れているが、コストが高い。

ⅳ ウール

羊毛を材料とする断熱材。吸放湿性はよいが、虫除けと難燃性を付加するため、施工時にホウ酸を吹き付ける。

写真3.40 断熱材を使ったインテリア

(2) 吸音材料

吸音材は、材料自体の吸音作用による残響調整を目的とする材料で、多孔質吸音板、成型吸音板、有孔吸音板のグループがある。

a. 多孔質吸音板

材料内部の連続した小さな空気層によって吸音作用するもので、ロックウールやグラスウール、軟質ウレタンフォーム、織物やカーペットなどがある。

ⅰ ロックウール、グラスウール

ロックウール、グラスウールの各繊維に接着剤を加えて板状成型した吸音材。ともに下地に組み込んで使用する。

ⅱ 軟質ウレタンフォーム

要求する吸音の程度に応じ、下地にウレタンフォームの厚さを変えて施工する。

ⅲ 織物、カーペット

厚地の織物やカーペットの中のすき間が吸音作用をする。織物は仕上げ材として壁に貼ったり、カーテンとして用いられる。織物、カーペットともに、中から高音域の吸音に効果がある。

b. 成型吸音板

ロックウール板とインシュレーションボードがあり、双方とも繊維板で内部空気層によって吸音する。

ⅰ ロックウール板

ロックウール繊維に、結合剤や混合材を加えて成型したもの。断熱性や不燃性に優れた化粧吸音板である。

ⅱ インシュレーションボード

軟質繊維板で、表面化粧された孔あきボードである。孔の数が多いほど吸音率は高い。

c. 有孔吸音板

吸音板にするために、既製のボード類や金属板に孔をあけたもの。一般的に下地との間の空気層と下地材によって吸音特性が変わる。石膏ボード、ハードボード、合板、アルミニウム板などがある。

有孔石膏ボードには、通常の石膏ボードに孔をあけた吸音用孔あき石膏ボードと、そのボードに表面化粧した化粧石膏ボード、裏面にロックウールまたはグラスウールのフェルトを貼った特殊石膏ボードがある。

3.2 開口部材

開口部とは、採光、通風、換気、人や物の出入りなどの目的で、壁、天井に開けられた部分で、一般的には、窓、扉、出入口などをいう。開口部を開閉する部材を総称して建具といい、ドア、窓、サッシ、戸、障子、ふすまなどの種類があり、開閉方法には横引き、縦開き、横開きなどがある。

建具は大きく外部建具と室内建具に分けられる。インテリアの重要なエレメントであり、建具のデザインやグレードがそのインテリア空間に大きく影響をおよぼす。

構造的には、木製、樹脂製、金属製などに分類される。

3.2.1 木製建具

外部用木製建具はかつては輸入部材が大半であったが、近年は国産も多く見られるようになった。機密性もよく、結露に対しては金属製より優れている。

木製建具は種類が豊富で、室内のデザインに合わせやすく、金属製や樹脂製では表現できない材質感がある。

(1) 洋建具

内部用建具としては、框戸、ガラス戸、フラッシュ戸、縁甲板フラッシュ戸などがある。

a. 框戸

框材で周囲を固めて中桟や帯桟を入れた建具で、重厚でデザイ

ン的にも種類が豊富である。戸の中央にガラスが入っているものをガラス戸という。

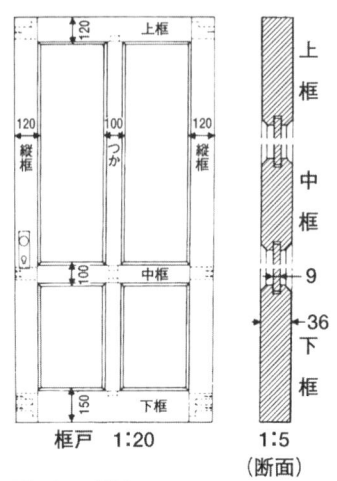

図3.27　框戸

b. フラッシュ戸

　框が表面に現れずにフラッシュ構造になっているもので、芯材の表面に普通合板や化粧合板を貼って一体としたものである。軽量であり、既製品は工場生産に適し、安価で経済的である。

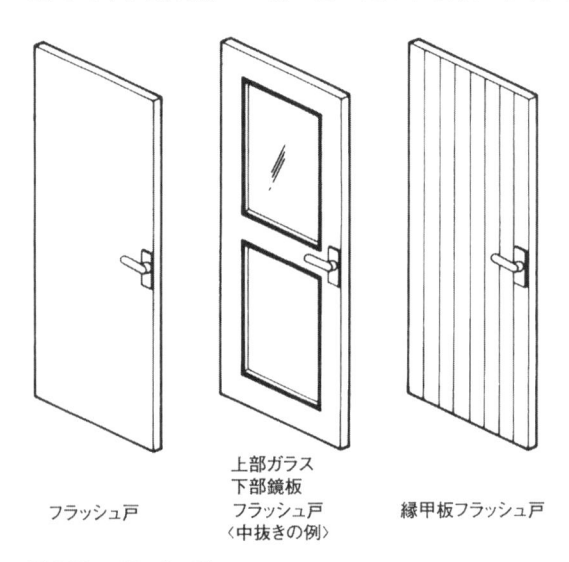

図3.28　フラッシュ戸

(2) 和建具

ふすま、障子、欄間などの室内建具と、板戸や格子戸などの外部建具としても使用するものがあり、日本独特の曖昧に空間を仕切るために使用されるものが多い。

a. ふすま

構造体の組子にふすま紙を貼ったもので、ふすまの特徴である縁や框には、漆などを塗ったものと、桑、杉、松などの素地を使用したものがある。

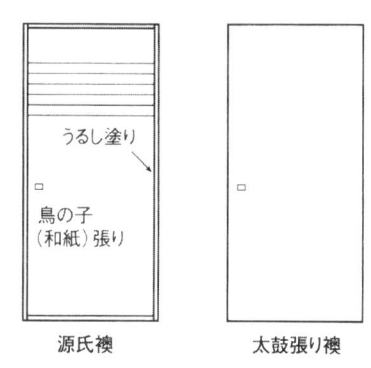

図3.29　ふすま

b. 障子

組子に全面紙貼りしたものと、腰板のある障子、障子の下方にはめたガラスの内側に上下する小障子を入れた上げ下げ障子（雪見障子）、障子の中央にガラス板をはめ込んだ額入り障子、組子の間に障子紙の代わりにガラスを入れた東障子などがある。組子の種類は多く、直射日光や照明を通すと美しい影となる。

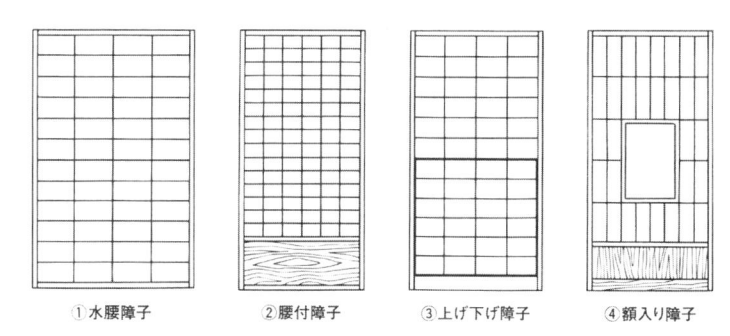

図3.30　障子

c. 格子戸

格子の間に何も入らないのが本来のものであるが、ガラスを入れたものも格子戸と呼んでいる。

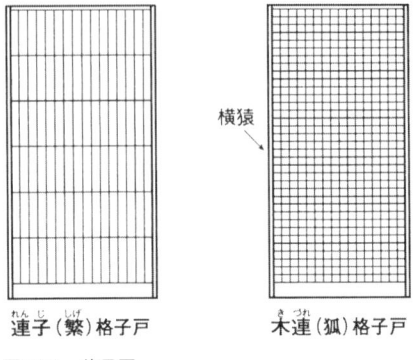

連子(繁)格子戸　　木連(狐)格子戸

図3.31　格子戸

3.2.2　金属製建具

スティール製、アルミニウム製、ステンレス鋼製など、一般的には外部用建具として使用され、フラッシュ戸、ガラス戸、ガラス障子、網戸、シャッターなどの種類がある。

スティール製の出入口建具は、防火上の要求から集合住宅の玄関扉として使用される。アルミニウム製の建具は、玄関や浴室などの耐候性、耐水性が要求される出入口や窓に使われている。規格化されたアルミサッシは、大量生産によって品質が安定しており、特に機密性が高く、断熱効果による暖冷房にも有利な建具である。

3.2.3　樹脂製建具

特に寒冷地用に開発されたもので、耐候性のある硬質塩化ビニルを使用し、結露が起こりにくく、腐食しない。樹脂性建具は防火規制の対象になる場合があるので注意が必要だが、木製との組合せやペアガラスの使用によって、さらに断熱や防音効果を発揮し、また、金属製と組み合わせることによって耐久性を増すこともできる。

第4章 インテリア仕上げの施工

4.1 インテリアの床仕上げ

インテリアの中で、人がじかに触れ最も身近に感じるのが「床」である。したがって、床の仕上げは感触がよく、清潔感があることが肝要である。また、床には家具の荷重がかかったり、移動による摩耗が生じたりするので、強度的にも丈夫で、耐久性のある仕上げでなければならない。

床の感性的性能と強度や耐摩耗性は、仕上げ材料の特性に大きく左右されることは間違いないが、合わせて下地の構法によっても左右され、歩行感覚に違いがでたり、耐用的性能に違いがでてきたりする。

下地構法は、機能的性能にも関連して影響をおよぼし、近年のオフィスビルに見られるようなインテリジェント化、OA化のためのフリーアクセスフロアへと変化し、技術革新をしてきている。床下の機能配線や、オフィス平面の機能計画をフレキシブルにしたのは、架構式床下地のフリーアクセスフロアによるものである。

インテリアの床は、その居室の使用目的に適した仕上げ材料を選択することはもちろん、下地についても適切な構法を採用することが大切である。

4.1.1 床下地の種類

インテリアの床下地の構法には、架構式床と非架構式床とがある。床下地は木造、鋼(軽量鉄骨)製、コンクリート造などで架構され、その上に貼り床、塗り床などの仕上げが施工される。

(1) 架構式床下地

架構式床は、基礎またはコンクリート床の上にさらに部材を組んで架構し、床仕上げ材料を施工するものである。木造住宅は架構式床で、その種類には、束立て床下地、ツーバイフォー(2×4)構造床下地などがある。

鋼製床下地は、床下に100〜300mm前後のすき間ができるが、このすき間が断熱に有効な空間となる。また、このすき間に各種の配管や配線を敷設することができる。この構法が二重床フリー

アクセスフロア（OAフロア）に進化し、インテリジェントオフィスの床下配線を可能にし、フレキシブルな家具レイアウトに対応できるシステム架構式床となった。

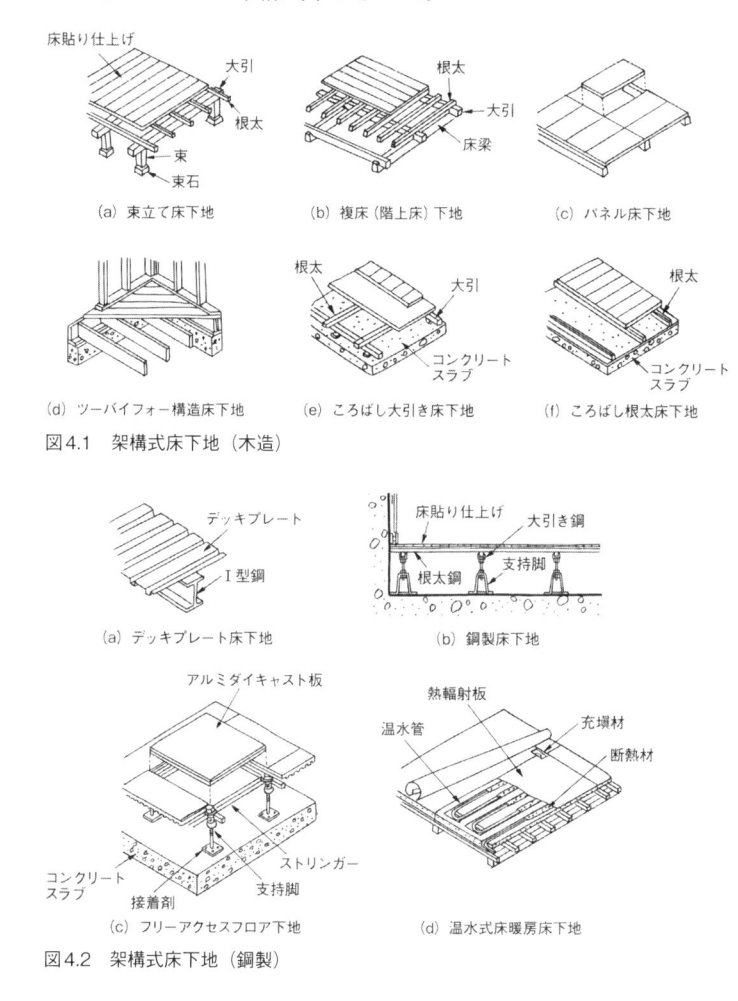

図4.1 架構式床下地（木造）

図4.2 架構式床下地（鋼製）

（2）非架構式床下地

　非架構式床は、コンクリート床、デッキプレートがそのまま下地となるもので、床材を貼るか塗るかして仕上げ施工する。床仕上げ材料をモルタルまたは接着剤で直接コンクリート床に貼り付ける工法と、塗り床材料をコンクリート床に直接塗布して仕上げる工法とがある。

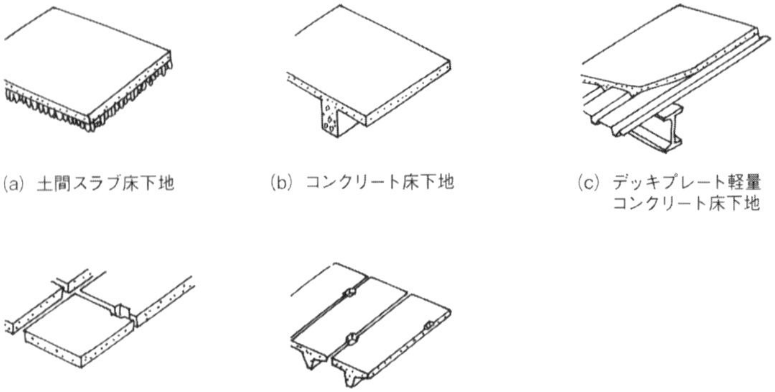

(a) 土間スラブ床下地　(b) コンクリート床下地　(c) デッキプレート軽量コンクリート床下地

(d) プレキャストコンクリート床下地　(e) T形スラブ床下地

図4.3　非架構式床下地

4.1.2　床仕上げの施工

　床仕上げ材料には、ソフトデザイン、ハードデザインともに多くの種類がある。ここでは、ソフトデザインの材料としてカーペット、木質系、れんが貼り床仕上げについて、ハードデザインの材料としては陶磁器タイル、石、プラスチック、塗り床仕上げの施工について述べる。

(1) カーペット敷き床仕上げ

　カーペット敷込み施工の手順としては、まずインテリアの使用目的に適したカーペットの種類と仕様を決定することである。次に、敷込み下地の状況を調べ、下地表面を平滑に調整したのち、部屋の大きさとカーペット数量をチェックして敷込みを行う。最後に養生をしながら、パイル糸の補修とメンテナンスを行う。

a. 仕様の決定

　施工にあたっては、まず、カーペットの種類と素材選びを行う。現在、一般的に最もよく使われているのはタフテッドカーペット、ウィルトンカーペットである。敷き込む部屋のデザイン性、居住性、歩行頻度などからカーペットの耐久性や防汚性を考慮し、使用目的に合ったカーペットの種類と素材を選択することが肝要である。

b. 床下地

　カーペットの敷込みは、木質系、コンクリート系どちらの床下

地でも可能である。木質系の床下地としては合板貼り、板貼りなどであるが、下地表面のジョイント部分の凹凸と目違いのないことが大切である。また、コンクリート系では通常モルタル塗り下地とするが、乾燥を十分に行い、表面を滑らかにし、クラックを調整し、さらに防水紙を施すなど、湿度を遮断することが必要になる。

c. 敷込み数量とジョイント

　敷き込むカーペットの必要数量は、敷込み床の実測図にカーペット幅を当てはめて算定するが、その際、左右の端切れを計算に入れること、また、幅、長さ方向に各々100mm程度の余裕を加算することが必要である。

　敷込みの継ぎ目ジョイント位置は歩行の流れに沿って決定し、居室の入口正面や歩行頻度に逆らった向きは避けるようにしたい。なお、ジョイント位置はあらかじめ平面図で検討するとよい。

　カットパイルの場合、パイルの向きが一方向のカーペットは、歩行線の向きに沿った方向に敷き込むとよい。階段に敷く場合にも、パイル糸は段上から段下への向きとする。

d. 敷き方

　カーペットの敷き方には、敷詰め、ピース敷き、二重敷きがある。

ⅰ　敷詰め（wall to wall）

　部屋いっぱいに敷き込む方法で、保温性や音響的な効果も大きい。この場合の施工方法は後述のグリッパー工法が一般的である。

ⅱ　部分敷き（ピース敷き）

　リビングルームやダイニングルームの家具配置の下に、緞通、シャギー、ピースカーペットを部分的に敷く方法である。周囲の床仕上げと対比させて、インテリアの調和を考慮した敷き方である。

ⅲ　二重敷き

　敷詰めカーペットの上に、さらに重要な部分にだけ、緞通やシャギーなどの高級カーペットを二重に置き敷きする方法である。

写真4.1
カーペット敷詰めのリビングラウンジ

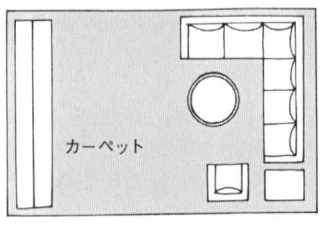

(a) 敷き詰め

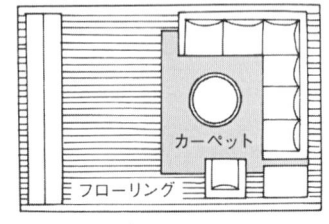

(b) 部分敷き

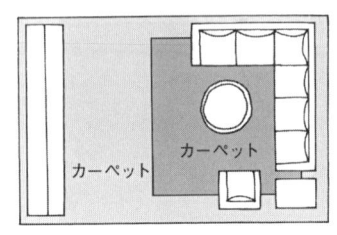

(c) 二重敷き

図4.4 カーペットの敷き方

e. 施工方法

カーペットの敷込み方法には、グリッパー工法と直貼り工法があり、各々の副資材としてグリッパー材料、アンダーレイ（下地フェルト）、接着剤などが必要になる。

i グリッパー工法

インテリアいっぱいに敷き詰める場合と階段部分の施工に用いられる工法である。部屋の周辺にグリッパーの木片を打ちつけ、グリッパーから上向きに出ているピンにカーペットの端部を引っかけて固定する。カーペットを部屋の中央から四周に引き伸ばしながら固定するので、施工後の安定度がよく、後日の敷替えも容易である。コンクリート系や木質系の床下地に適用されるが、アンダーレイ（下地フェルト）を併用する。

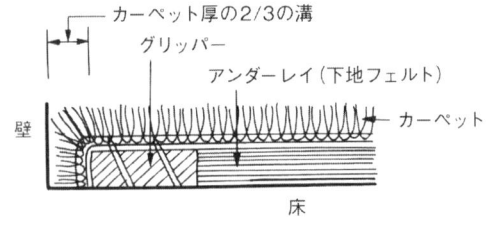

図4.5 グリッパー工法

ii 直貼り工法

　床下地に全面接着貼りする工法である。オフィスや病院など、比較的通行量の多い場所で用いられるが、一方ではローコスト工事の場合にも適用される。一般的に直貼りに使用されるカーペットには、パイル糸が短いもの、ニードルパンチカーペットのようなフェルト状のもの、あるいは、タイルカーペットがある。

f. カーペット床の見切りと各部との納まり

　カーペット床と他の床仕上げ材との見切りは、見切り材と突き付けて納める場合がある。出入口扉の靴ずり部分と階段のカーペット施工についての例を図4.6に示す。

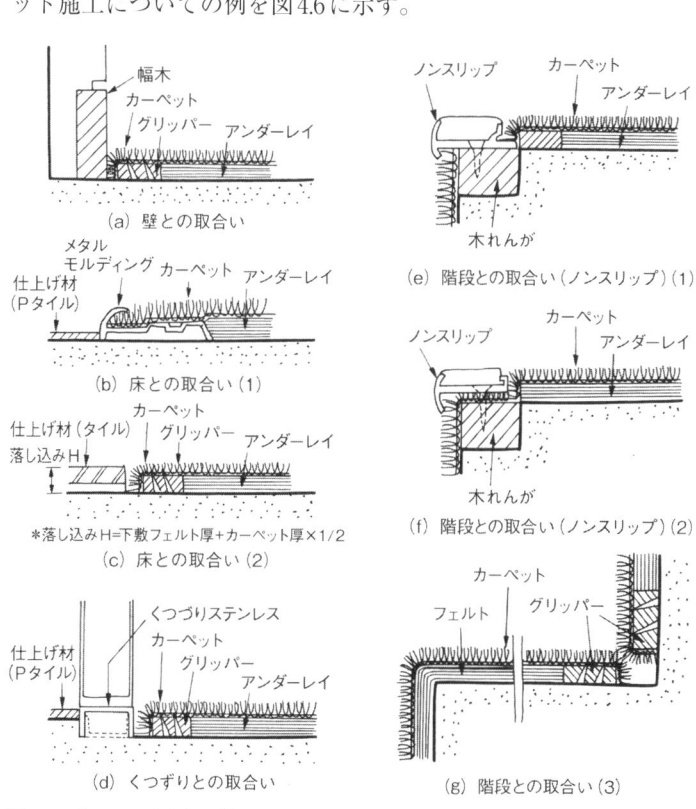

(a) 壁との取合い
(b) 床との取合い (1)
(c) 床との取合い (2)
　*落し込みH=下敷フェルト厚+カーペット厚×1/2
(d) くつずりとの取合い
(e) 階段との取合い（ノンスリップ）(1)
(f) 階段との取合い（ノンスリップ）(2)
(g) 階段との取合い (3)

図4.6　カーペット各部の納まり

g. 性能維持とメンテナンス

　カーペット床の居住性を左右するのはカーペットそのものの品質性能で、パイル糸の素材、緻密度、製織法などに大きく影響さ

れる。敷込み後の保守メンテナンスについてはカーペットの経年変化に注意し、日常の手入れと定期的クリーニングによって長持ちさせる（5.2.1 (1) 参照）。

(2) 木質系貼り床仕上げ

仕上げ材の種類には、複合床材と単層床材とがある。複合床材は耐水合板の上に化粧単板を貼り合わせたパネル状の床材である。単層床材はむくの板材や合板をそのまま下地に貼る床材である。

a. 複合床材

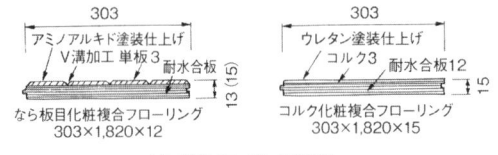

複合床材には、天然木化粧複合フローリングとパーケットブロックとがあるが、ともに規格化されたパネル状の床仕上げ材である。

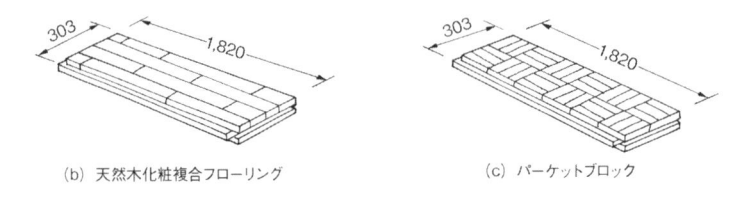

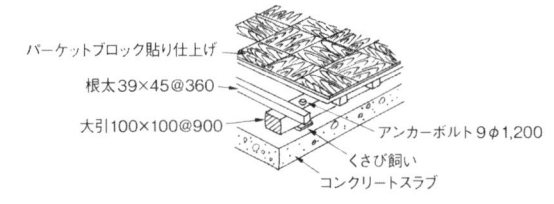

下地は、木造下地またはモルタル下地のどちらにも施工できる。木造下地の場合には、隠し釘と接着剤とを併用して貼りつけ、モルタル下地に直貼りする場合には、下地を平滑にして防水処理を施し、接着剤を用いて圧着する。なお、モルタル下地の直貼り複合床材には、防水用ポリスチレンフォームなどをあらかじめ裏貼りしてあるものもある。

図4.7　複合床材貼り仕上げ

b. 単層床材

単層床材にはフローリング、縁甲板、フローリングブロック、板材、合板、木れんがなどがある。このうちフローリング、縁甲板、板材、合板は一般的に木造下地に床貼りされるが、フローリングブロックはコンクリートまたはモルタル下地に貼られ、木れんがはコンクリートスラブにモルタルで埋め込まれる。

i フローリング、縁甲板貼り

根太床下地に一重貼りする場合と、合板などの下地板（捨て貼り）を貼った上に二重貼りする場合とがある。

フローリングは広葉樹材を使った洋風の床材で、縁甲板は針葉樹材を使った和風の床材である。両者とも本ざねの接合面を横にはぎ並べ、隠し釘打ちまたはビス止めで、根太あるいは下地板に貼りつける。床仕上げにはワックス、フローリングオイル、ウレタン樹脂塗料などによる仕上げ方法がある。

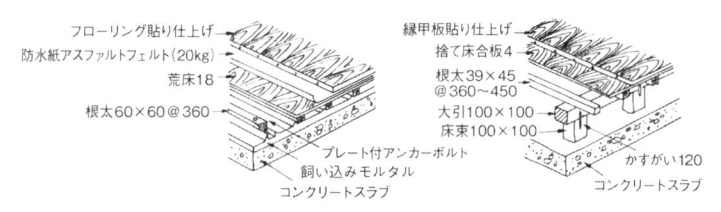

(a) フローリング貼り仕上げ（ころばし床（根太）下地）
フローリング貼り仕上げ
防水紙アスファルトフェルト(20kg)
荒床18
根太60×60@360
プレート付アンカーボルト
飼い込みモルタル
コンクリートスラブ

(b) 縁甲板貼り仕上げ（束立て床下地）
縁甲板貼り仕上げ
捨て床合板4
根太39×45 @360〜450
大引100×100
床束100×100
かすがい120
コンクリートスラブ

図4.8 フローリング、縁甲板貼り仕上げ

ii フローリングブロック貼り

コンクリート下地またはモルタル下地に直に貼る単層床材である。この床材は、むく板を正方形に集めた規格ブロックを市松模様に貼るもので、耐久性には優れているが、若干弾力性に乏しい。

施工方法は、貼付けモルタルにフローリングブロック裏面の足金物を埋め込んで圧着し、硬化後、ブロックの目違いをサンダーで払い、ワックス仕上げまたはウレタン樹脂塗装仕上げを施す。

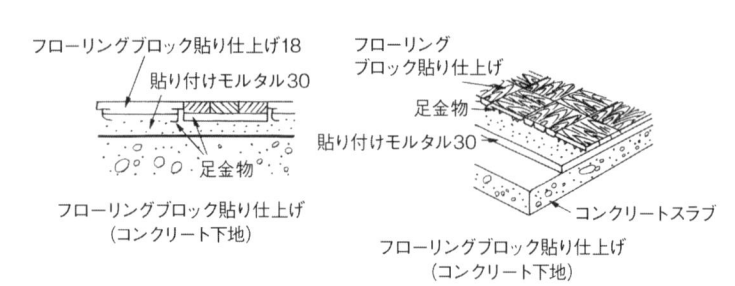

図4.9　フローリングブロック貼り仕上げ

iii 板貼り、合板貼り

板貼りには、根太下地に一重貼りする場合と、下地板を貼った上に二重貼りする場合とがあり、隠し釘で根太あるいは下地板に固定する。

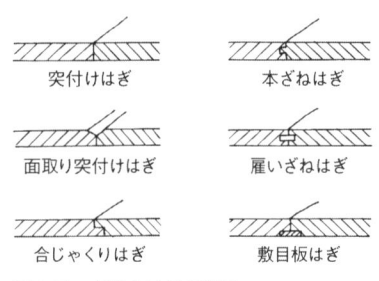

突付けはぎ
本ざねはぎ
面取り突付けはぎ
雇いざねはぎ
合じゃくりはぎ
敷目板はぎ

図4.10　板貼りはぎの種類

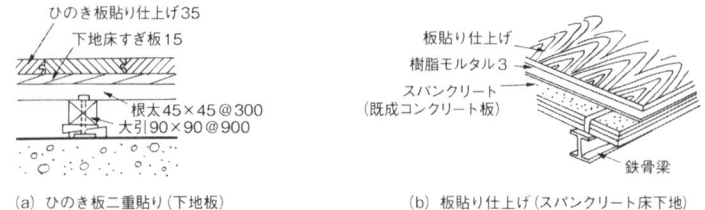

(a) ひのき板二重貼り（下地板）
(b) 板貼り仕上げ（スパンクリート床下地）
(c) 合板貼り仕上げ（デッキプレート床下地）

図4.11　板貼り、合板貼り仕上げ

iv 木れんが貼り

　木れんが貼りの床は、凹凸感、テクスチュアがあり、床としての耐久性や耐摩耗性の高い床仕上げ材である。モルタル下地に木れんがを埋め込んで敷き並べ、アスファルトを目地に充てんして仕上げる（3.1.1 (2) a.ii 参照）。

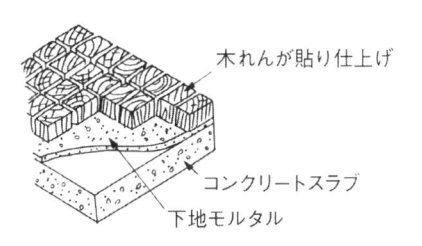

図4.12　木れんが貼り仕上げ

(3) れんが貼り床仕上げ

　一般的なレンガの施工は、コンクリート下地に硬練りモルタルを敷き、割付けパターンにしたがってレンガを並べたのち、注ぎとろを充てんして目地押えするものである。モルタルを使用しない施工法としては、砂敷き下地にれんがを敷き並べ、目地部分も砂で埋めて定着させる工法もある。

　なお、れんが貼りには、敷き並べる際に平貼りする場合と小端立てして貼る場合とがあり、いも目地やうま目地などの床貼りパターンにしたがって施工される。

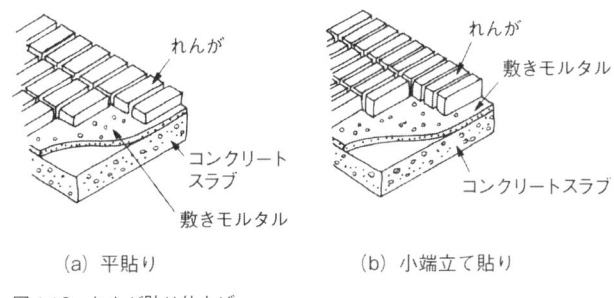

(a) 平貼り　　　　　(b) 小端立て貼り

図4.13　れんが貼り仕上げ

(4) 陶磁器質タイル貼り床仕上げ

　タイル貼り床仕上げは、一般に湯水を必要とする床や、耐摩耗

性を必要とする床、清潔感を必要とする床などで行う。床用のタイルとして、材質が硬く吸水性の低い磁器質タイル、炻器質タイル、モザイクタイル、クリンカータイルが一般床や階段、浴室、玄関ホールなどに使用される。

a. タイル貼り床

　タイル貼りの下地は、コンクリート下地が一般的であるが、時には合板などの木質系下地板にモルタルを施してタイル貼りすることもある。木質系下地にタイル貼りする場合、防水層を施して防水、防湿処理を完全にする必要がある。

　施工の手順は、モルタル木ごて押えの下地をつくってから、貼付けモルタルを敷いたのち、セメントペーストを塗布しながらタイルを貼りつけ目地詰めを行う。

　タイルの割付けは、あらかじめ図面で検討し、目地パターンにしたがって部屋の形状に即して行われる。基準となるタイル貼りは、縦横に張った水糸に合わせて1枚1枚ていねいに貼っていく。モザイクタイルの場合には、合成樹脂系接着剤で貼りつける工法もある。

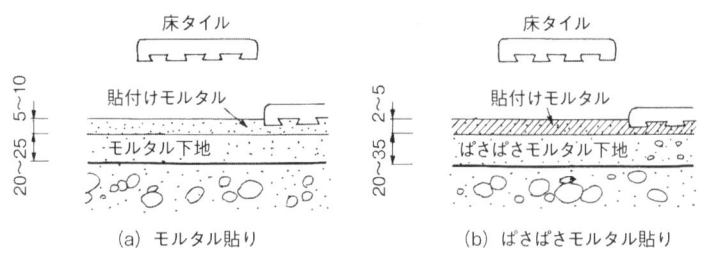

(a) モルタル貼り　　(b) ばさばさモルタル貼り

図4.14　タイル貼り仕上げ

b. タイル貼り階段

　階段の場合も、モルタル下地の上に貼付けモルタルを敷いて、タイル貼り施工を行う。貼付けの手順は、最初に踏面の出隅を貼り、続いて蹴上げの垂直面にタイルを貼る。最後に踏面の水平面を貼ったのち、目地詰めをして仕上げる。

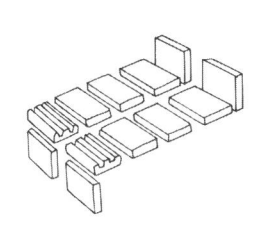

(a) 階段タイルの割付け　　(b) タイル貼り階段仕上げ

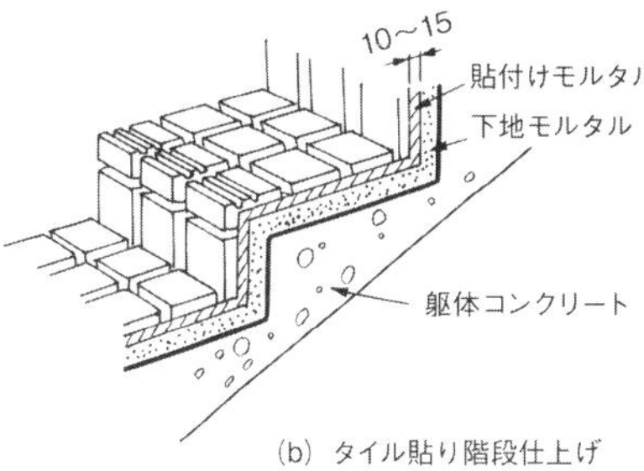

図4.15　タイル貼り階段仕上げ

c. タイル貼りの目地処理

　タイルの目地詰めは、タイル貼り施工の最終作業と同時に、タイル貼り仕上げ床の防水目的と、はく離防止のための重要な処理である。目地詰めはタイルを貼ったのち、貼付けモルタルが十分に硬化した時点で施工する。目地材料には、通常目地詰め専用の既製調合モルタルが用いられるが、モザイクタイルなどには専用のセメントペーストを使用する。

(5) 石、人造石貼り床仕上げ

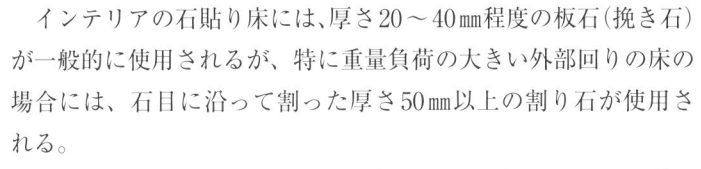

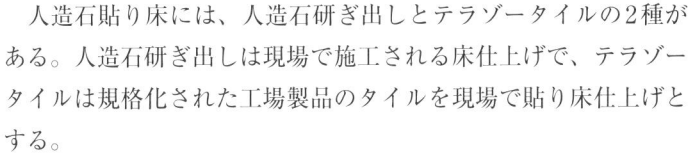

　インテリアの石貼り床には、厚さ20〜40mm程度の板石（挽き石）が一般的に使用されるが、特に重量負荷の大きい外部回りの床の場合には、石目に沿って割った厚さ50mm以上の割り石が使用される。

　人造石貼り床には、人造石研ぎ出しとテラゾータイルの2種がある。人造石研ぎ出しは現場で施工される床仕上げで、テラゾータイルは規格化された工場製品のタイルを現場で貼り床仕上げとする。

写真4.2
テラゾータイル貼り床

a. 石貼り床

　歩行頻度の高い公共空間などの石貼り床には一般に花崗岩が使われるが、その他、安山岩や大理石も使われる。施工は、コンクリート下地に硬練りの敷きモルタルを施し、その上に板石を目地通りに平らに据えつけ、目地底に注ぎモルタルを注入する。そして、最後の工程として、化粧目地モルタルを充てんして仕上げる。なお、石貼り床の目地幅は6〜12mmで、沈み目地とするのが一般的である。

歩行量の比較的ソフトな住宅や店舗などに多い大理石貼りでは、大理石に吸水性があるため下地モルタルのあくが浸み込んで表面が変色することがあるので注意する。それを防止するために、下地に白セメントのモルタルを敷き均して施工する。これにより、施工後の経年変化による変色も防ぐことができる。

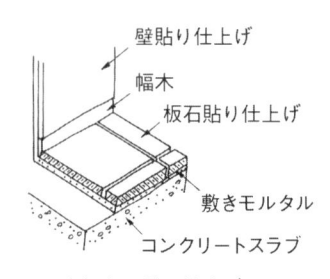

図4.16　石貼り床仕上げ

b. 人造石研ぎ出し床

　下塗り、中塗りの押えモルタルの下地を整えて、上塗りには大理石などの種石（6mm以下）に石粉と白セメント、顔料を混合したものを塗っていく。上塗りの硬化後に表面の凹凸を削って平らにして研磨仕上げを行う。

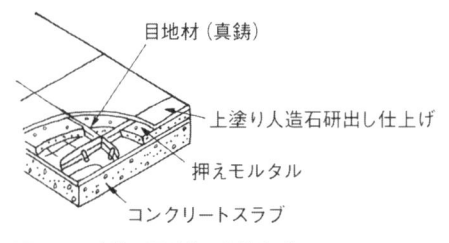

図4.17　人造石研ぎ出し床仕上げ

c. 玉石洗い出し床

　人造石研ぎ出し床同様に下地を整えたのち、大理石や御影石などの豆砂利（3〜15mm程度）、玉石（20〜45mm程度）を埋め込むように並べ、こてで平らに叩き押える。その後、霧吹きしながら水刷毛で表面の仕上げを行う。

d. テラゾータイル貼り床

　コンクリート下地に硬練りのモルタルを敷き均し、割付けにし

たがってテラゾータイルを据付け貼りする。工場で生産されたテラゾータイルは寸法精度がよく、施工が容易なので、目地は眠り目地が一般的となっている。

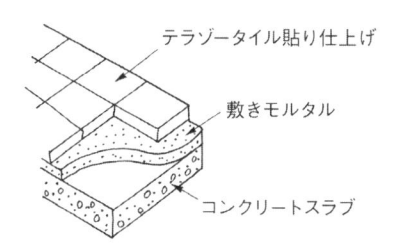

図4.18 テラゾータイル貼り床仕上げ

(6) プラスチック貼り床仕上げ

プラスチック系床材には、ロール状の長尺シート床材と、規格化されたタイル床材があり、ともに材料は塩化ビニル系とゴム系が中心である。下地は、コンクリート、モルタルおよび合板などの木質系が一般的である。

モルタル下地は、防湿層の上にモルタル金ごて仕上げを施し、グラインダーなどで平滑にする。その後、合成樹脂エマルジョン入りモルタル補修剤で修正して凹凸のないように下地調整を行う。木質系下地は、根太に固定したたわみのない下地床板をつくり、合板のジョイント、目違いを修正して平滑な下地に調整する。

a. プラスチック系シート貼り床

長尺シート貼り床には、塩化ビニル系シートとゴム系シートが使用される。シート貼りはコンクリート床に直貼りすることもあるが、モルタル下地、木質系下地にも適用される。貼り床にはタイルのような目地が現れないので、下地の平滑度や精度不良がそのまま床表面に現れる。したがって、施工準備としての下地調整が重要になる。

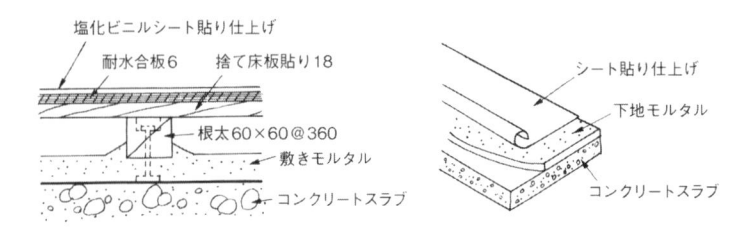

図4.19　プラスチック系シート貼り床

i　下地調整

　コンクリートやモルタル下地に凹凸や不陸がある場合は、あらかじめ平坦に補修、補強しなければならない。合成樹脂エマルジョンをプライマーとして塗布し、表面の凹凸やクラックは合成樹脂混入セメントモルタルで平滑に補修する。

　木質下地の場合は、下地にたわみがないようにし、固定された合板のジョイントや板貼りの目違いを修正する。十分な平滑下地をつくったのち、防湿性と接着強度をよくするためにプライマーを塗布して乾燥させる。

ii　シートの割付けと貼付け

　割付けは、通常、部屋の長手方向に割り付けるが、出入口など人の動きの頻繁な動線部分には継ぎ目がないように行う。施工の際はシート床材を床に広げ、割付けにしたがって所定の長さに荒切りする。柄物は柄に合わせて切込みを入れ、出隅はあらかじめカッティングする。

　接着剤は、アクリル系や酢酸ビニル系エマルジョンと合成ゴムラテックスが一般的に用いられる。仮敷きのシート床材をあげ、くしごて、またはローラーで下地に均等に塗布する。

　貼付けは、接着剤のオープンタイム[*1]をとったのち、中央から徐々に周辺に向けて圧着貼りする。目地部分は、左右2枚を重ね切りし、接着剤を塗布して同様に圧着貼りし、目地専用シーム液を用いて突付け溶着して仕上げる。

*1　オープンタイム　接着剤塗布後しばらく放置しておくことで、この間に溶剤が蒸発して接着剤が適度にべたつき始める。

iii　維持管理

　接着剤の硬化を待って水洗いし、その後にワックスで処理する。

日常のメンテナンスはモップなどで水拭きを行い、専用クリーナーで汚れを十分に除去するが、シート貼り床のつやを保持するためには月1回程度の専用ワックス磨きが必要である。

使用上の注意事項としては、収納家具などの重量物の下にはクッション材を当てて床面を保護することである。また、塩化ビニル系シートはゴム製品が接触すると化学反応を起こして軟化し溶けて汚れが付着するので、家具の足先に付けるキャスターやグライジュはゴム製のものは避けたい。

b. プラスチック系タイル貼り床

塩化ビニル系とゴム系の使用が最も多い。タイル貼りの床下地としては、セメントモルタル下地、木質下地などであるが、タイル貼り施工もシート貼り施工と同様に、下地の調整が当初の大切な作業となる。

i 下地調整

モルタル下地は金ごて仕上げとして、こてむらのないように注意する。表面に凹凸や不陸が著しい場合には、グラインダーや合成樹脂混入セメントモルタルで平滑になるように補修する。直接地面に接するコンクリート床の場合には、捨てコンクリートの上にアスファルト防湿層もしくはポリエチレンシートを敷き込んだ防湿層を設け、その後に床コンクリートを打ってモルタル仕上げする。

木質下地の場合には、下地が不安定であったりたわみがあったりするとタイルがはく離したり割れたりするので、300 mm間隔に入れた根太に下地合板をしっかり固定することが肝要である。この場合、合板のジョイントは必ず根太の上にくるようにして釘止めし、目違いのないように平滑にしてから合成樹脂プライマーを塗布して、下地調整を完了する。

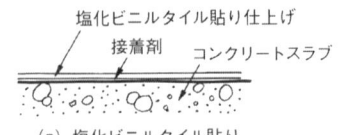

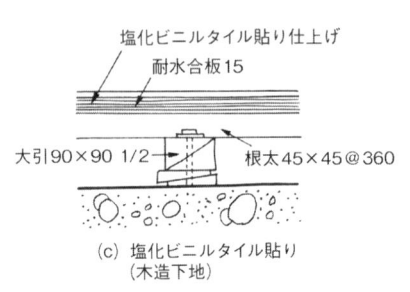

図4.20 プラスチック系タイル貼り床仕上げ

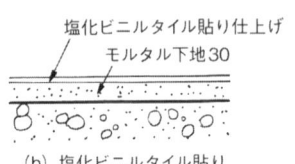

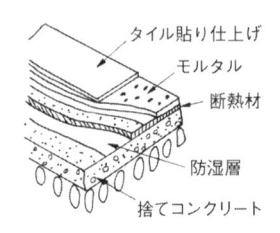

ⅱ タイルの割付けと貼付け

　タイルの割付けは、通常、部屋の中心から周辺に向かって行う。貼付けの順序は、部屋の中央に線を引きそこから壁際方向に貼り付けていくことになる。

　接着剤の塗布はくしごてで行い、オープンタイムをとったのち、中央の1列を最初に貼ってから順次壁方向へと圧着貼りしていく。

ⅲ 維持管理

　タイル貼付け後は、作業中に汚した箇所をよく絞ったモップなどで軽く拭く程度にして、数日後に接着剤が十分乾燥した時点であらためて水洗いしてワックス処理を行う。

　日常の管理は、つねに水拭きして埃を除去するが、汚れたら中性洗剤を用いて落とし、その後付着した洗剤を雑巾などでよく拭き取り、乾燥後に専用ワックス仕上げを行う。

(7) モルタル直塗り床仕上げ

　コンクリート、もしくはモルタル下地に直接塗り床材を塗布して仕上げる工法で、一般的にはモルタル塗りの例が多いが、最近ではプラスチック系の塗り床材も普及している。防塵、耐水、耐薬品性などの機能を高めるための材料を塗布し、下地を保護、強化する。

a. モルタル塗り床仕上げ

塗り床仕上げとしては最も一般的なセメントモルタル塗り仕上げと、アスファルトモルタル、カラークリートなどの特殊モルタル塗り仕上げがある。

b. プラスチック系塗り床仕上げ

一般に利用されるプラスチック系塗り床材は、ポリエステル系、エポキシ系、ポリウレタン系などである。塗り床の下地には、通常、コンクリート下地、モルタル下地、木質系下地が適用されるが、いずれも下地調整を行って適度に平らにしておく必要がある。また、十分乾燥させて油脂分などを除去し、塗り床材料に適合したプライマーを塗布して接着性をよくするように準備する。

4.2　インテリアの壁仕上げ

人が室内に入ったときに最初に視野に入るのが壁面であり、絵や周辺の壁の色、テクスチュアが目に入る。つまり、壁仕上げでは視覚性が最も重要になっている。他方、保守メンテナンスの面では、埃や汚れを容易に除去できること、仕上げ材の変色やはく離がないことが望ましい。材料選びにあたっては、、将来のリフォームを考慮に入れておくことも大切である。

壁面の遮音性や断熱性については、部屋の種類や用途をよく見極めたうえで性能に見合った下地の選択が必要になる。いずれにしても、インテリアの壁仕上げの善し悪しは、部屋の用途にかなった仕上げ材の選択と、丈夫な構造の下地を決めることにあるといえよう。

4.2.1　壁下地の種類

壁下地には、木造や鉄筋コンクリート造などの建物構造体と内装仕上げ材とを結ぶ大切な役割がある。構造体に取り付ける壁下地の種類は、構成材料別と機能的性能別とに分類できる。

構成材料別では、木造、軽量鉄骨、コンクリートに分類される。機能的性能別では、吸音下地、断熱下地、防火下地などに分類さ

れ、建物や部屋の使用目的にしたがって適切な機能をもった下地を選択することが必要になる。

　壁仕上げ材の種類には、壁紙、ボード類、タイルなどを貼り仕上げするものと、塗装や石こうプラスターなどの塗り仕上げするものとがある。貼り仕上げ、塗り仕上げの各々に適する下地については各論で述べるが、共通していることは平滑な下地表面処理がきわめて大切なことである。

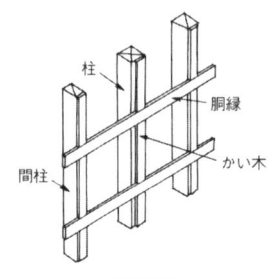

(a) 木造胴縁下地

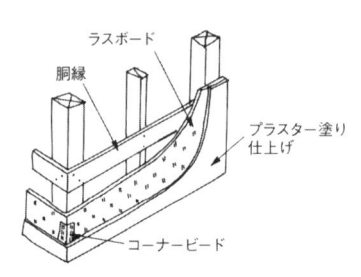

(b) 木造ラスボード下地プラスター塗り仕上げ

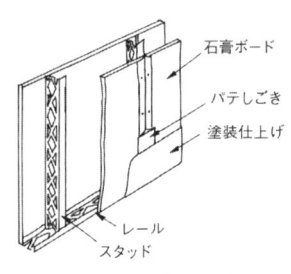

(c) 軽量鉄骨下地プラスターボード塗装仕上げ

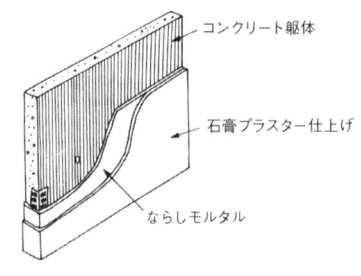

(d) コンクリート下地ならしモルタルプラスター塗り仕上げ

図4.21　壁下地

(1) 木造壁下地

　住宅を中心に広く用いられ、構造体に木胴縁を取り付けたり、木下地枠組みにボード類を貼った下地である。

(2) 軽量鉄骨下地

　一般に鉄筋コンクリート建物の間仕切り壁として利用され、スタッド（間柱）にプラスターボードをビス止めなどで固定した下地で、オフィスやホテルなどで最も採用している工法である。

(3) コンクリート壁下地

　構造躯体であるコンクリートをそのまま下地として、モルタル

や石こうプラスター仕上げなどを施す下地である。なお、集合住宅などでは、コンクリート躯体を下地にしてシーラー処理を施したのち、壁紙を直貼りする工法も行われている。

4.2.2 壁仕上げの施工

壁仕上げ材のうち、ソフトデザインの材料としては、壁紙、木質系、ボード類、れんがなどの壁仕上げがある。また、ハードデザインの壁仕上げには、陶磁器タイル、石、ガラス、塗り壁、吹付け壁仕上げなどがある。

(1) 壁紙貼り壁仕上げ

現在では、ボード類やコンクリート、モルタルの上に直接貼る工法（直貼り工法）が一般的であるが、従来、わが国で伝統的に行われてきた工法には和紙をあらかじめ下貼りした上に壁紙を貼る工法（紙下貼り工法）もある。その他、特殊な工法として、どんす貼り工法、布団貼り工法などがある。

壁紙は下地との組合せで防火性能が認定されるため、近年の内装制限により、住宅やホテルなど多くの場合で、防火下地に直接壁紙を貼る直貼り工法が主流となっている。

a. 直貼り工法の下地

下地を調整した上に直接上貼りを施工するもので、乾式下地工法と湿式下地工法に分けることができる。

i 乾式下地工法

プラスターボードや合板などを下地として壁紙を上貼りする。ボード類は下地骨組に並べて取り付けられるため、表面に必ずジョイント目地ができる。このジョイント継ぎ目の納まりには、突付け目地、差込み目地、目透かし目地、目地棒押えの四つがある。

突付け目地の場合は、ボードの目違いを修正しパテで下地表面を平滑に調整する必要がある。特に、ジョイント部分を完全に平滑にするためには、はじめにパテでテーパーの凹みを充てんし、ついで寒冷紗テープを貼りつけたのちに全面上パテを施し乾燥させてサンダー仕上げする。さらに、シーラーを全面に塗布すると、下地表面を均一な状態に整えることができる。

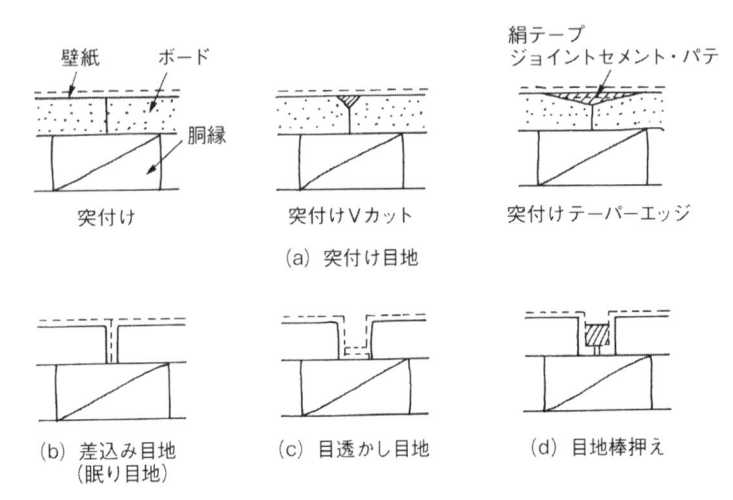

図中ラベル:
- 壁紙　ボード
- 胴縁
- 突付け
- 突付けVカット
- 絹テープ ジョイントセメント・パテ
- 突付けテーパーエッジ
- (a) 突付け目地
- (b) 差込み目地（眠り目地）
- (c) 目透かし目地
- (d) 目地棒押え

図4.22　乾式下地ボードジョイント目地

ⅱ　湿式下地工法

　コンクリートやモルタルなどを乾燥硬化させて、その上に直接壁紙を貼る。ボード下地とは異なり全面塗り下地なので、ジョイントのないフラットな下地となる。

　下地調整は、サンダーを使って表面の不陸をなくし、乾燥の際の亀裂や凹みにパテを施したのち、十分乾燥させる。さらに、下地からの水分やアルカリの影響を遮断するために全面にシーラー塗り処理を行う。

ⅲ　下地調整材および補助材料

　壁紙貼りの仕上がりをよくするために必要な材料で、下地を平滑にして接着しやすい状態に調整する。下地調整材は、下地の目違いや凹凸、不陸、亀裂などを補強し、接着性を向上させるために使用する材料で、シーラー、パテ、コーキングその他の補助材料がある。

・シーラー

　下地に全面塗布すると壁紙の接着性がよくなり、下地からの水分やアルカリ性を遮断し、接着力の劣化や壁紙の変色を防ぐことができる。

・パテ

　乾式下地ボードのジョイント目地や凹みを埋め、湿式下地のモ

ルタルなどの不陸や亀裂を補修するのに用いられる。パテを使用するタイミングは、シーラーを塗布する前と、シーラーを塗布した後に上パテを全面に塗って最終平滑面をつくるときである。

・コーキング、その他

コーキングは壁と天井のすき間や穴塞ぎの充てん剤として用いられる。また、防錆材は釘頭の防錆処理に用いられる。

・補助材料

乾式下地ボードの継ぎ目ジョイントを補強するために、寒冷紗や絹テープなどが用いられる。

b. 紙下貼り工法の下地

わが国で伝統的に行われてきた工法で、和紙をあらかじめ下貼り（捨貼り）した上に壁紙を貼る。

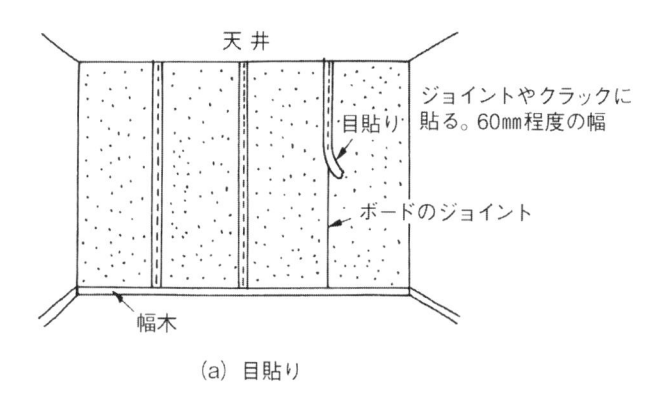

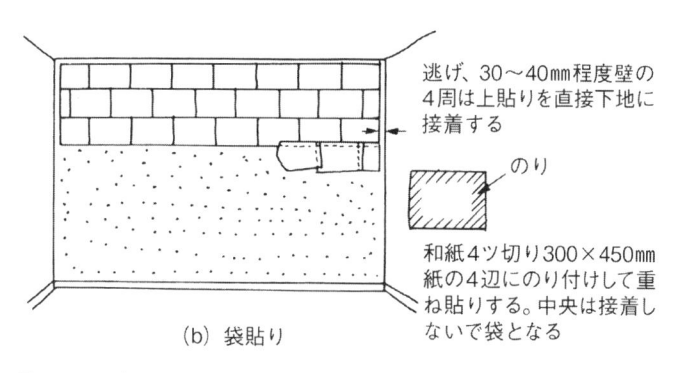

天井
ジョイントやクラックに貼る。60mm程度の幅
目貼り
ボードのジョイント
幅木

(a) 目貼り

逃げ、30〜40mm程度壁の4周は上貼りを直接下地に接着する
のり
和紙4ツ切り300×450mm 紙の4辺にのり付けして重ね貼りする。中央は接着しないで袋となる

(b) 袋貼り

図4.23　下貼り工法の下地

c. 壁紙上貼り

現在では、下地を調整した上に直接壁紙を貼りつける直貼り工法が多いが、ほかに伝統的な紙下貼り工法、どんす貼り工法、布団貼り工法がある。

i 上貼り施工

作業手順は以下の通りである。

① 下地点検：下地の良否が上貼りの仕上がりを左右するので、下地の不陸、亀裂、色むら、乾燥具合などを点検、確認する。

② 割付けと貼出し位置決定：施工現場をチェックして壁の幅や高さ、窓などに合わせて壁紙の割付けを行い、貼出しの位置を決定する。

③ 施工墨出し：割付けで決められた壁紙の貼出し位置に垂直線を墨出しする。

④ 壁紙材料の点検：壁紙の品番、数量、ロットを確認し、品質、色むら、柄、きず、織むら、ほつれなどがないか点検する。

⑤ 糊付け：一般的な接着糊はデンプン系接着剤で、これに合成樹脂系接着剤を所定の調合比で混合攪拌する。糊付けには、刷毛塗りと機械塗りとがあるが、下地の状況によりむらのないように塗布する。

⑥ オープンタイム：糊付け終了後、軽く叩いて5～10分放置する。

⑦ 貼出し、柄合わせ：壁紙の貼出しは、壁上方約300mmのところを軽く押えてから、垂直を合わせて貼り下げていく。へらか刷毛で中の空気を追い出すようにしわを伸ばす。柄のある場合は、2枚目以降上端、中央、下端へと柄合わせする。

⑧ ジョイント処理と切付け：ジョイント処理には、突付け、重ね裁ち、重ね貼りがある。壁紙の上と下の端部の切付けは、あらかじめへらで折り目をつけ、カッターナイフで余分な壁紙を切り取る。

⑨ 仕上げ養生：ジョイント部分や切付け部分をローラーで十分押えて、壁紙表面や幅木についた糊を拭き取る。施工終了後は強い日照や通風を避け、温湿度の変化のないように養生する。

i どんす貼り工法

どんすなどの高級織物を壁貼りする工法で、豪華に装飾するた

めの特殊な施工法である。下地に白ネルなどをいく層にも下貼りし、紙裏打ちのないどんす織物を壁面四周に釘打ちで固定する。

ⅱ ふとん貼り工法

下地と織物上貼りの間に綿やクッション材を詰め込み、織物を四周に鋲打ちで固定する工法である。中央部にやわらかなふくらみをもたせた仕上がりになる。

(2) 木質系貼り壁仕上げ

内装仕上げ材として主に使われるのは化粧合板と板材である。化粧合板は、天然木突板を貼った天然木化粧合板、合成樹脂化粧合板、表面に模様を印刷したプリント合板などが主に使われる。板材の壁仕上げには一般的には針葉樹が多く、貼り方は縦貼りまたは横貼りとなる。

a. 化粧合板貼り

内装仕上げ用合板には、通常4mmまたは5mm厚の化粧合板が用いられる。貼付け工法としては、一般的には胴縁下地に釘打ちで取りつけたり、接着貼りしたりする。合板のジョイント目地は突付け貼り、目透かし貼りとすることが多い。

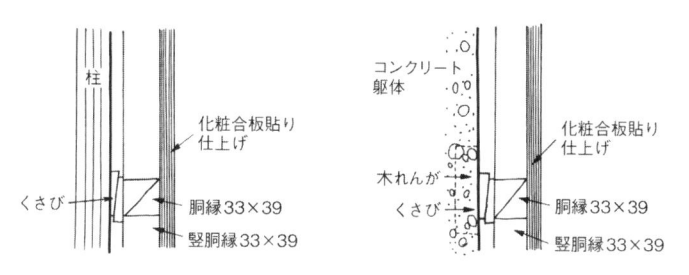

(a) 木造胴縁下地化粧合板貼り仕上げ　　(b) コンクリート胴縁下地化粧合板貼り仕上げ

図4.24　化粧合板貼り仕上げ

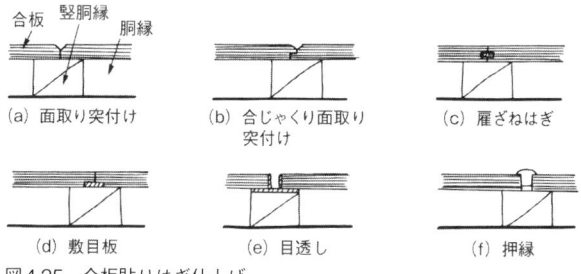

(a) 面取り突付け　(b) 合じゃくり面取り突付け　(c) 雇ざねはぎ
(d) 敷目板　(e) 目透し　(f) 押縁

図4.25　合板貼りはぎ仕上げ

b. 板貼り

現在では、美しい木目の壁仕上げは多くが天然木化粧合板であるが、板貼りは杉や桧などのむく材を用いたものである。インテリアの板貼りには、幅180〜360mm程度、厚さ7〜15mm程度の板を縦方向に貼る羽目貼りと、横方向に貼る下見板貼りとがある。

i 羽目貼り

縦羽目貼りともいい、下地の木胴縁に板材を縦方向に釘打ち付けで固定する伝統的な工法である。板のはぎ方には面取り突付け、面取り合じゃくり、本ざね、敷き目板、目透かし、目板打ちなどがある。

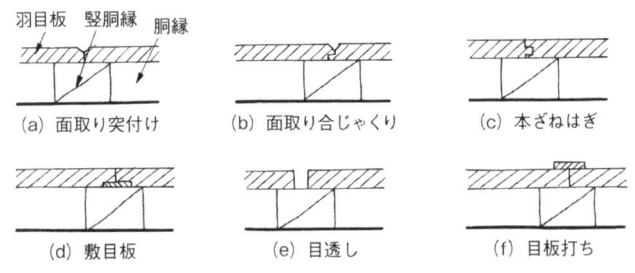

図4.26 羽目貼りはぎ目地

(a) 面取り突付け
(b) 面取り合じゃくり
(c) 本ざねはぎ
(d) 敷目板
(e) 目透し
(f) 目板打ち

ii 下見板貼り

幅広の板を横方向に貼るのが下見板貼りで、下地は木造の場合には柱と間柱、胴縁に直貼りするが、コンクリート造の場合には、胴縁を取りつけてその上に横貼りする。貼り方には面取り合じゃくり下見、ドイツ下見、箱目地下見、縁甲板下見などがあり、ともに下から上方向に貼りあげていく。

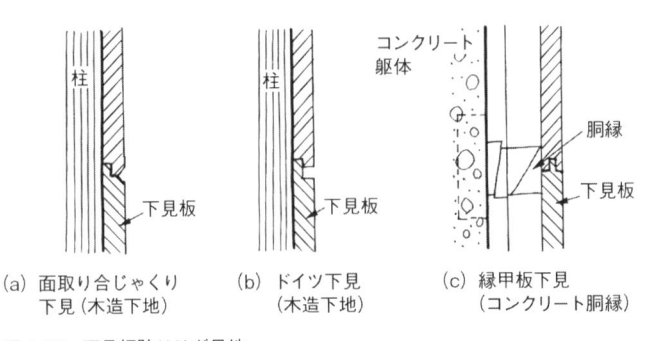

(a) 面取り合じゃくり下見 (木造下地)
(b) ドイツ下見 (木造下地)
(c) 縁甲板下見 (コンクリート胴縁)

図4.27 下見板貼りはぎ目地

(3) ボード貼り壁仕上げ

ボード貼り材料には、プラスターボード、繊維板、木毛セメント板などがある。これらのボード類の多くは壁紙、ペイント塗装、プラスター塗りなどの下地材として用いられる場合が多いが、化粧板仕上げ材、吸音板仕上げ材として使用される製品もつくられている。

プラスターボードは下地用として、また、種類によっては仕上げ用として広く一般に用いられる内装材料である。石こうを芯材として、両面に紙を貼って成型した板状ボードである。プラスターボードの種類はJISで定められており、建設大臣認定では防火材料に指定されている。

プラスターボード貼りの下地骨組には、木造、軽量鉄骨、コンクリートおよびプラスターボード下地（二重貼りの場合）が適用される。下地骨組につけられた胴縁にボード用釘打ち、ビス、ステープルあるいは接着剤を併用して固定する。なお、プラスターボードの継ぎ目には、カットジョイント、テーパージョイント、目透かしジョイントがある。

(a) Vカットジョイント　(b) テーパージョイント　(c) 目透しジョイント

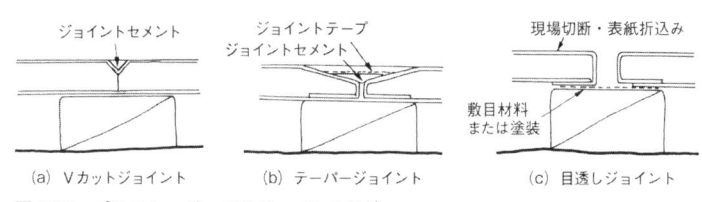

図4.28　プラスターボードのジョイント目地

(4) れんが積み壁仕上げ

れんが積みには、イギリス積み、フランドル積み、長手積み、小口積みなどの種類がある（図3.21〜24）。インテリアでのれんがの使われ方は、コンクリートの構造躯体や他の下地骨組にれんがを添え積みする方法で、れんが貼り壁仕上げが行われている。

れんが貼り壁仕上げは、下地骨組に40〜50mm厚の積みモルタルを塗布し、化粧目地モルタルをれんが間に差し込み、縦横目地をとりながら積上げ貼りする。この場合、適当な間隔で下地に金物で緊結するなど強度をもたせることが必要である。目地幅は、8〜10mmの沈み目地を標準として、目地面の納まりに留意する

こと、目地モルタルの色がれんが貼りデザインに影響することに注意する。

　近年では、内装用に15〜20mm厚の薄いれんがが製作されており、タイルと同様の壁貼り仕上げとすることが多くなっている。

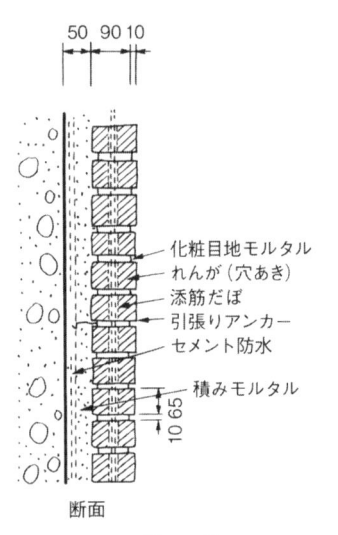

図4.29　れんが積み工法

(5) 陶磁器質タイル貼り壁仕上げ

　内装タイル貼りには、一般に硬度があまり高くない陶器質タイルが用いられることが多いが、デザイン上では場合によって、磁器質タイルや炻器質タイルも使用される。

　下地は、木造、軽量鉄骨、コンクリート造などいずれにも適用される。施工工程は、タイル割付け後、下地の貼り代にモルタルを塗布したり、接着剤を用いて貼り進める。

a. タイルの割付け

　内装タイルは、通常いも目地（通し目地）で割り付けられる。壁面を美しいタイル貼り仕上げにするためには、あらかじめ壁の幅、高さ、開口部の位置、設備機器の寸法を考慮し、展開図にタイル割付け図を作成しておくことが肝要である。

　タイル割付けに当たっての検討事項は次の通りである。

① タイルの確認：タイルの種類、デザイン、寸法、役ものの有無を確認する。

②タイル目地：タイル目地のデザインと目地幅および納まりを決定する。

③タイル割付け：壁の幅や高さ、窓に合わせて割付を行うが、その際設備機器、配管などもそれらに合わせてタイル目地を調整する。

④幅方向の割付け：原則として、壁の中央から左右に割り付ける。大きな壁面の場合には、左右いずれか目立たないほうに切りものを割り付ける。

⑤高さ方向の割付け：床から天井まで貼る場合には、上部から下方へと割り付け、切りものは下端で床に飲み込ませる。

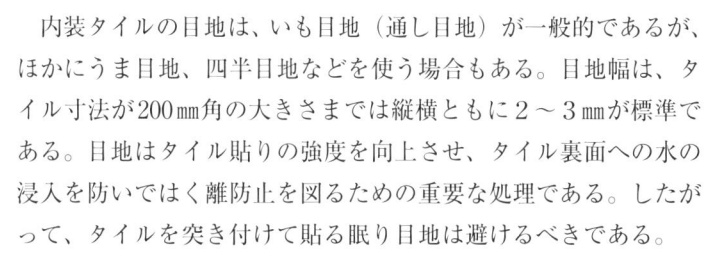

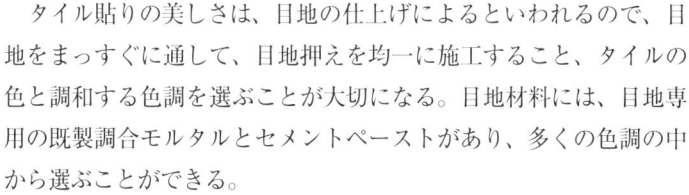

⑥タイル貼り工法の確認：タイル貼り工法を決め、下地からタイル仕上がり面までの寸法を確認しておく。

b. タイル目地のデザイン

内装タイルの目地は、いも目地（通し目地）が一般的であるが、ほかにうま目地、四半目地などを使う場合もある。目地幅は、タイル寸法が200mm角の大きさまでは縦横ともに2〜3mmが標準である。目地はタイル貼りの強度を向上させ、タイル裏面への水の浸入を防いではく離防止を図るための重要な処理である。したがって、タイルを突き付けて貼る眠り目地は避けるべきである。

タイル貼りの美しさは、目地の仕上げによるといわれるので、目地をまっすぐに通して、目地押えを均一に施工すること、タイルの色と調和する色調を選ぶことが大切になる。目地材料には、目地専用の既製調合モルタルとセメントペーストがあり、多くの色調の中から選ぶことができる。

c. タイル貼り工法

タイル貼りの仕上がりは、壁全体が平滑に貼りあがり、タイルに歪み、割れ、汚れなどがなく、目地の目違いがなくまっすぐ通っているほど、美しい仕上がりとなる。

タイル貼りには、積上げ貼り、圧着貼り、ユニット貼り、接着剤貼りなどの工法がある。

i 積上げ貼り

木造下地やコンクリート躯体に、下地モルタル金ぐし引きで下地面をつくる。内装タイルの裏面に、貼付けモルタルをだんご状

写真4.3
タイル貼り仕上げ

に乗せて1枚ずつ貼りあげていくもので、技術的には熟練を要する。主に100～200mm角程度の内装タイルを用いる場合の在来工法で、だんご貼りともいわれる、最も古くから行われている基本的工法である。

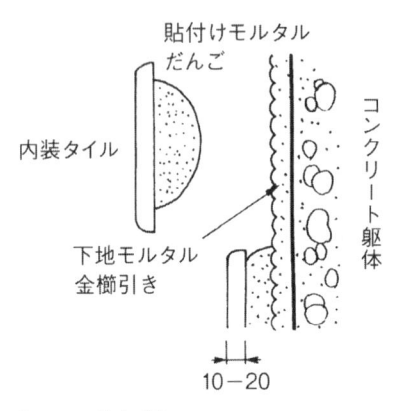

図4.30　積上げ貼り

ⅱ　圧着貼り

　下地モルタル木ごて押えで平らな下地面をつくる。下地の上に貼付けモルタルを塗り、金ごてで押さえてくし目をつけ、その上にタイルを揉み込むように押しつけ、板で叩き押えしながら貼りつける。

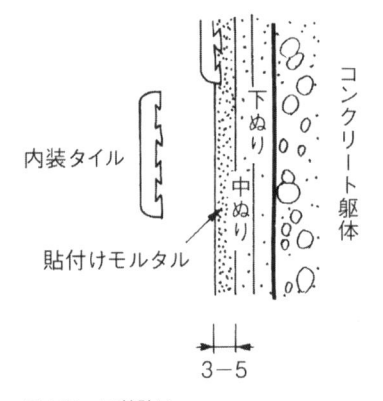

図4.31　圧着貼り

ⅲ　ユニットタイル貼り

　内装ユニットタイルとは、内装タイル貼りを効率よく施工する

ために、モザイクタイル、100角タイルなどを四角に並べ、裏ネットで連結した300mm前後のユニットタイル材料である。下地モルタル木ごて押えで平らな下地面をつくり、ユニットタイル裏面に目地部を覆うマスクを被せて貼付けモルタルを塗り、貼りつける。

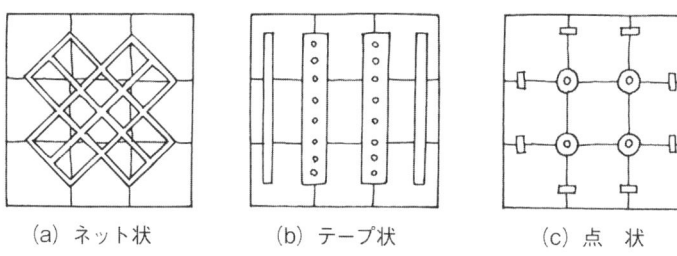

(a) ネット状　　(b) テープ状　　(c) 点　状

図4.32　ユニットタイルの裏ネットによる連結法

iii 接着剤貼り

下地モルタル金ごて押えの下地またはボード類（合板、プラスターボード、ALC板など）の乾式下地を整える。下地面に接着剤をくし目引きで塗布し、タイルを接着層にも揉み込むように貼りつける。基本的に圧着貼りと同様な工法であるが、湿式下地から乾式下地まで下地材の適用範囲が広く、施工効率もきわめてよい。

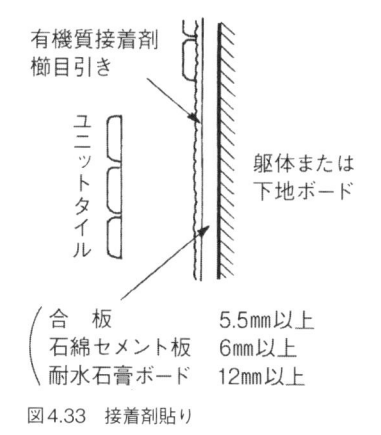

有機質接着剤櫛目引き
ユニットタイル
躯体または下地ボード

合　板　　　　　5.5mm以上
石綿セメント板　6mm以上
耐水石膏ボード　12mm以上

図4.33　接着剤貼り

(6) 石、人造石貼り壁仕上げ

住宅や商業施設およびオフィスの内装仕上げに用いる石材には大理石、花崗岩、砂岩など多くの種類がある。また、大理石の砕石を種石とした工場生産品のテラゾーブロックも使われる。

4.2　インテリアの壁仕上げ

石貼り壁仕上げには、20～40mm厚の板石をコンクリート躯体や鉄骨骨組にステンレスまたは錆止め金物で固定して積み貼りする工法と、人造石などを金物と接着モルタルを併用して下地に貼りつける工法がある。

a. 石貼り工法

　20～40mm厚の石貼りでは、必ず金物で石を下地骨組に取りつける。その場合、従来のモルタル併用による湿式工法と、モルタルを用いずに緊結金物で取りつける乾式工法がある。湿式工法には、貼り石の裏全面にモルタルを充てんする総とろ工法と、水平目地部分にだけモルタルを裏込めする帯とろ工法がある。

i 帯とろ工法

　内装石貼り仕上げで板石仕上げ材が使われる場合、従来用いられていたのがこの帯とろ工法である。コンクリート躯体に埋め込まれたホールインアンカーに横筋を溶接し、横筋に引き金物を取りつけて緊結金物の骨組とする。そして、引き金物の先端についたダボで上下の板石を固定して積み貼りし、帯とろモルタルを水平目地の上下100mm幅に充てんする。とろとは、セメントペーストのことである。

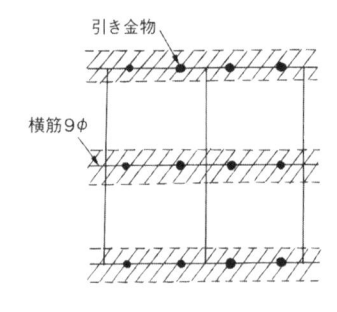

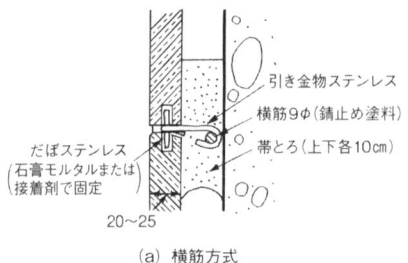

図4.34　帯とろ工法

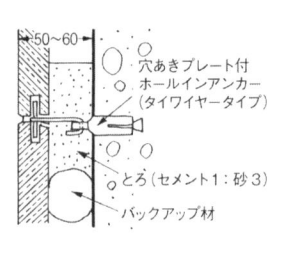

ⅱ 乾式工法

　カーテンウォール工法ともいい、コンクリート躯体に緊結されたファスナーのアングルとプレートによって貼り石を直接固定して積み貼りする。ファスナーの先についたダボで上下の石は連結され、重量は両端2カ所で支えられる。

b. テラゾーブロック（石タイル）貼り工法

　テラゾーブロックは大理石の砕石を種石としたセメント製品で、工場で300㎜角、450㎜角に成型して製品化した板状の内装貼り仕上げ材である。厚さは15㎜前後から40㎜で、薄い材の中には裏面を連結筋などで補強したものもある。

　貼り方は自然石と同様、帯とろ工法でも施工されるが、厚さの薄いものは圧着貼り、接着貼りと止め金物を併用した施工法もある。また、エポキシ樹脂系接着剤などの強力な接着剤を利用して接着貼りする場合もある。

ⅰ 改良圧着貼り

　平滑なモルタル下地と仕上げ材両面にセメントモルタルを塗りつけ、下段より積みあげるように施工する。その際、はく離防止のために、石タイル裏面に取りつけた金具を下地にコンクリートビスで止める。

ⅱ 改良接着剤貼り

　精度よく仕上げられたモルタル下地に、弾性接着剤で貼りつける施工法である。はく離防止のために、過重受け金物を躯体に固定する。

(7) ガラス貼り壁仕上げ

　板ガラス、カラーガラス、鏡、結晶化ガラスなど、多くの材料が使用される。壁装用のガラスや鏡は5～6㎜厚の薄板で、柱や壁の一部または全面に装飾用として貼られる。貼り下地はボード下地などで、両面テープや金物で取りつける。結晶化ガラスは、板石と同様17～20㎜の厚板で、主に商業施設などの内外装に使用される。貼り方は石貼りと同様の工法で、コンクリート躯体や鉄骨下地に緊結金物で積み貼りする。

a. 壁装用ガラス貼りと鏡貼り

　壁装用のガラスには、板ガラス、カラーガラス、エッチングガ

ラスが用いられる。鏡と同様に合板やプラスターボード下地に取り付ける。

i 壁装用ガラス貼りと鏡貼り工法

　壁装用ガラスと鏡の取付け方には、両面接着テープによる接着工法と金物支持工法がある。両面接着テープの強度が向上し、現在は多くが接着工法であるが、大型ガラスの場合は安全上金物併用が望ましい。

　両面接着テープによる貼付けは、あらかじめ、ガラスまたは鏡裏面の両端、上下、中央部にテープを圧着し、テープの被覆紙をはがして、壁の割付け位置に貼りつける。

　金物の場合は、片長チャンネル断面の金物により総幅または部分的に支持して上下を固定する。裏面の下地には、部分的に両面接着テープまたは接着剤を併用して接着する。

　窓や間仕切りスクリーンにガラスを使用する場合の枠入れ工法には、弾性シーリング工法、塩ビ、ビード工法などがある。

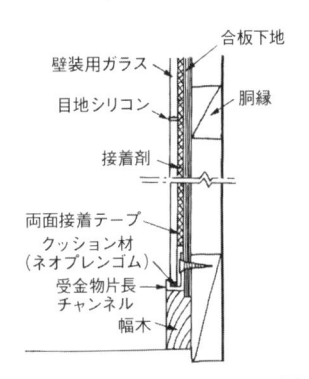

図4.35　金物、両面接着テープ併用貼り工法

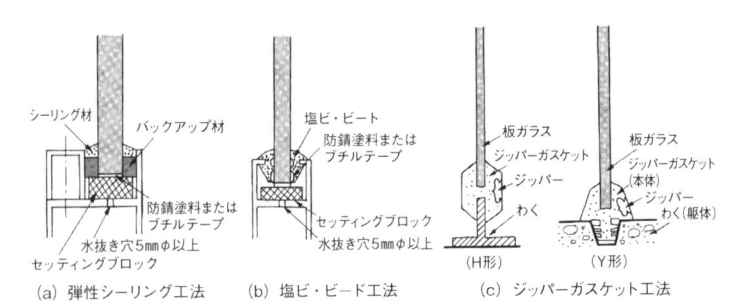

(a) 弾性シーリング工法　　(b) 塩ビ・ビード工法　　(c) ジッパーガスケット工法

図4.36　窓、間仕切り枠入れ工法

ii 壁装用ガラス、鏡の木口加工

壁貼りするカラーガラスや鏡は、所定の大きさに切断して、あらかじめ木口仕上げを行う。木口処理は、通常、直角小口面取りまたは直角広幅面取りに加工する。木口の仕上げは、ダイヤ磨き、砥石磨き、つや出し磨きで仕上げる。

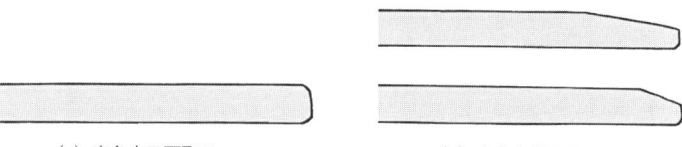

(a) 直角小口面取り　　　(b) 直角広幅面取り

図4.37　ガラス、鏡の木口加工

iii 板ガラスの表面加工

壁装用の板ガラスは、装飾のためにサンドブラスト、エッチング、タペストリーなどの加工が施される場合が多い。

・サンドブラスト加工

ガラス表面に圧縮空気で金剛砂を吹きつけてすりガラス面をつくる。「模様」はマスキングで覆うことによって描くことができる。

・エッチング加工（二次加工）

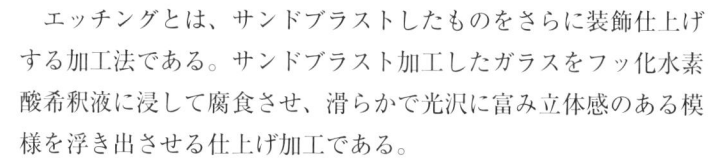

エッチングとは、サンドブラストしたものをさらに装飾仕上げする加工法である。サンドブラスト加工したガラスをフッ化水素酸希釈液に浸して腐食させ、滑らかで光沢に富み立体感のある模様を浮き出させる仕上げ加工である。

写真4.4
エッチングガラス

・タペストリー加工（二次加工）

エッチングと同様、サンドブラストしたガラスをフッ化水素で腐食させた仕上げである。ただし、タペストリー加工の場合は、エッチングのような部分的な模様は入らず、全面が不透明の淡い光沢となる。加工処理される。

b. 結晶化ガラス貼り

結晶化ガラスの形状には、平板、直角板、曲面板がある。平板は900〜1200mmの長方形が標準的で、17〜20mmの厚さである。

i 結晶化ガラス貼り工法

石貼り工法とほぼ同様である。下地のコンクリート躯体または鉄骨下地に取りつけられ、帯とろ工法によって施工される。下地

に埋め込まれたホールインアンカーに溶接された横筋には、引き金物が固定されていて、これが緊結金物の骨組になる。結晶化ガラス板は、引き金物の先端のピンで連結されて、下部から上へと積み貼りされる。

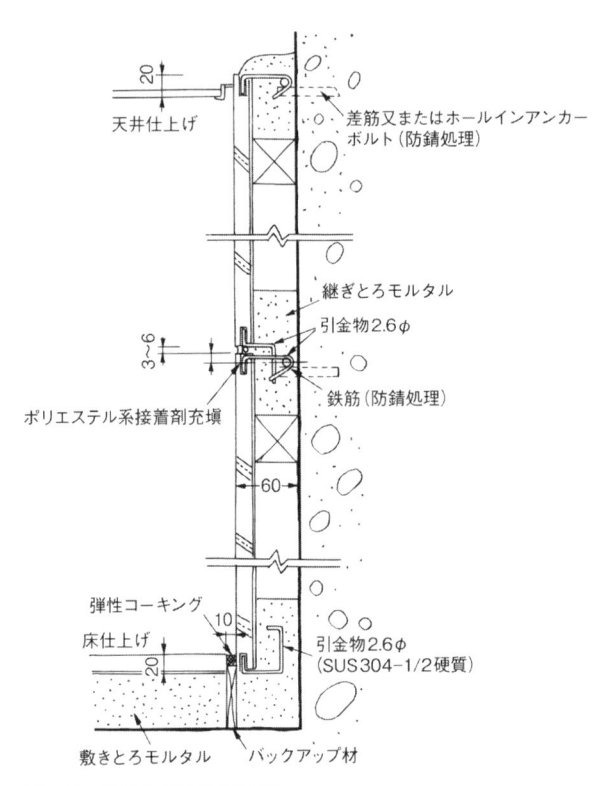

図4.38 結晶化ガラス貼り工法

ii 目地デザインとメンテナンス

目地のデザインは通常いも目地とする。水平目地の裏側には、継ぎとろモルタルが充てんされる。目地の幅は3～6mmとし、目地材にはポリサルファイドまたは変成シリコンが使われる。目地材の色は、結晶化ガラスの色調とテクスチュアに合致したものを選びたい。

結晶化ガラスは、汚染度がきわめて低い仕上げ材なので、経年変化や汚れは目立たないが、湿気や油脂で表面に曇りが発生したときには、空気中の埃汚れが付着することがある。吸水性がない

ので、汚れたときには直接水洗いで清掃することができる。

(8) 塗り壁、吹付け壁仕上げ

塗り壁による壁仕上げ材料には、セメント系のセメントモルタル塗り、人造石、テラゾー塗り、石灰系のドロマイトプラスター塗り、漆喰壁塗り、石こう系の石こうプラスター塗り、合成樹脂系の繊維壁塗り、粘土系の砂壁塗りなどの種類がある。

吹付け仕上げ材料には、表面が砂壁状のセメント砂壁、セメント厚付け壁、合成樹脂エマルジョン砂壁（聚楽壁）、繊維壁、吹付けタイル壁などがある。

a. 塗り壁仕上げ

塗り壁は、結合剤と骨材を水で混ぜ、練ってこて塗り仕上げするもので、下地の種類は多岐にわたるが、コンクリート系の湿式とボード系の乾式に大きく分けられる。

i 下地の処理

コンクリートやセメント下地は、目違いや凹凸をなくしたのち、セメント系または合成樹脂系の下地調整剤を塗布して平滑な面をつくる。ボード下地の場合も、ジョイントの継ぎ目が塗り壁仕上げ後、目立たないように十分な下地調整をする必要がある。

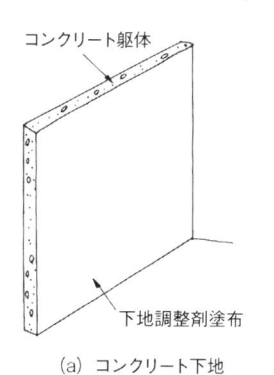

(a) コンクリート下地 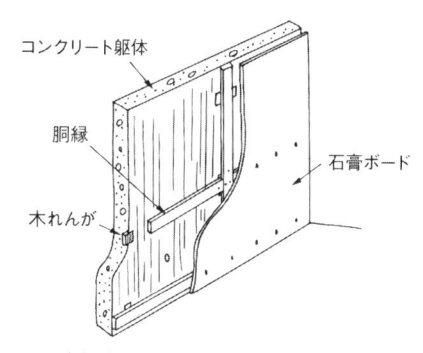　　(b) 木れんが埋込み胴縁石膏ボード下地

図4.39　塗り壁下地

ii 塗り壁工法

塗り壁工法の詳細は以下の通りである。

・セメントモルタル塗り

下塗りはセメント富調合（セメント多め、水少なめの調合）で下地に強固に付着させ、十分な乾燥期間をおいて、モルタルの収

縮、亀裂を発生させてから、中塗りと上塗り仕上げをする。

・ドロマイトプラスター塗り

　ドロマイトプラスターが下地によく付着するように、下塗り、中塗りにはセメントを若干混入して施工する。下地にあらかじめ水湿を行ってから、下塗りは木ごてくし目塗りを施し、中塗りが生乾きのうちに上塗り仕上げする。

・石こうプラスター塗り

　下地にあらかじめ水湿を行ったうえで、下地塗りをくし目塗りして中塗りする。上塗りには石こうプラスターのみを用いて行い、中塗りの半乾きの頃合いをみはからって上塗り金ごて押えとし、仕上げごてで仕上げる。

・繊維壁塗り

　下地処理を施した合板やプラスターボード下地に直接繊維壁を塗る場合と、あらかじめ石こうプラスターを下塗りしその上に塗る場合とがある。上塗りは薄塗りで木ごて仕上げとする。

・漆喰壁塗り

　下塗りは、ラスボード下地などに擦り込むようにして付着させる。十分乾燥させたのち中塗りを施し、生乾きの状態で、水の引き具合をみはからって上塗り仕上げする。

b. 吹付け壁工法

　吹付け壁は、塗膜形成材、充てん剤、顔料、骨材などを混合したものを吹付け工法によって施工する壁化粧仕上げである。下地は、湿式、乾式ともに適用される。

i 下地の処理

　湿式工法の下地は、コンクリート、モルタル、プラスター塗り、漆喰塗りなどである。これらの下地の凹凸やひび割れは、充てん剤で十分に補修し、付着強度をもたせるために、シーラーなどの処理を施すことが肝要である。

　乾式工法の下地は、木毛セメント板、ALC板、けい酸カルシウム板、プラスターボードなどである。これらの下地は、寸法精度は良好であるが、下地骨組に強く固定し、継ぎ目部分の目違いがないように十分な調整を施すことが必要である。

ⅱ 吹付け工法の種類

吹付け工法の詳細は以下の通りである。

・セメント砂壁吹付け

セメントリシンともいう砂状粗面仕上げの吹付けで、一般には外装用であるが、塗膜に耐水性があるので、内装では浴室壁などに施工される。

・セメント厚付け壁吹付け

セメントスタッコ吹付けともいい、吹付け材料としてはセメント砂壁吹付け材料とほぼ同様であるが、吹付けが厚付けされて、表面がスタッコ模様に仕上げられる。

・合成樹脂エマルジョン砂壁吹付け

和風壁として、聚楽、京壁といわれる吹付け壁である。表面が砂粒状の粗面仕上げとなる。

・繊維壁吹付け

一般に住宅などの和風内装に用いる。繊維壁塗り材料を吹付け工法で施工するものである。断熱性、吸湿性、放湿性がある。

・複層模様吹付け

吹付けタイルといわれ、主として外装用であるが、仕上がりが陶磁器質タイル状を呈するところから、内装では浴室壁などに使用される。耐水性に優れている。

(9) 幅木

壁が床に接する部分を見切るための横板である。清掃の際、壁紙や塗り壁などの壁面下部を、掃除機などで傷つけるのを防ぎ、保護する役割がある。一般の幅木には、出幅木、入り幅木、目地幅木があり、幅木を使用しない工法を無幅木という。

木造床には、一般に木製幅木が使われるが、オフィスなどのプラスチック床にはプラスチック製幅木が最も多く使われる。その他、特殊な場合には、石、人造石、陶磁器タイル、金属製幅木などがデザイン的に使われることもある。

施工は、一般的には床貼りを完了した上に幅木を取り付け、その後に壁仕上げを施工する。幅木の納まりは、一般に床に幅木を突付けにする場合が多い。

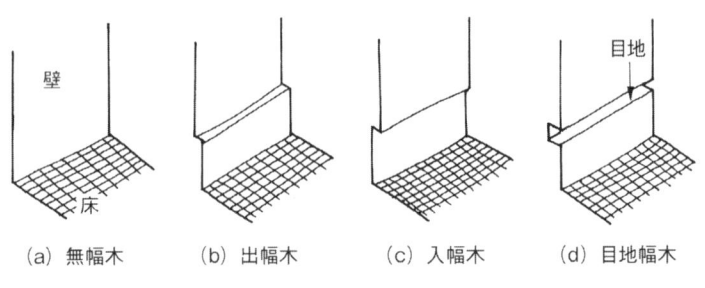

(a) 無幅木　　(b) 出幅木　　(c) 入幅木　　(d) 目地幅木

図4.40　幅木の種類

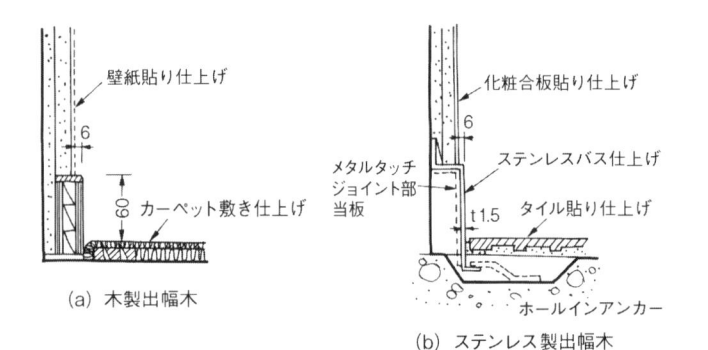

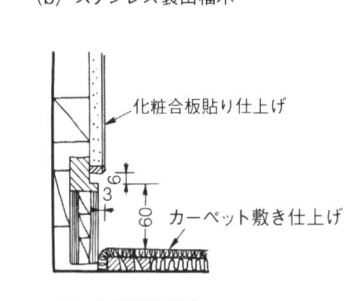

(a) 木製出幅木

(b) ステンレス製出幅木

(c) 木製入幅木

(d) 木製目地幅木

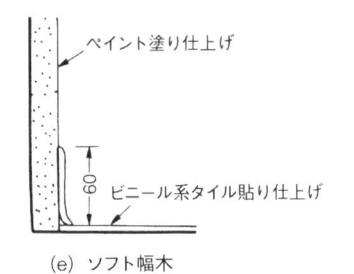

(e) ソフト幅木

(f) ソフト幅木

図4.41　幅木の納まり

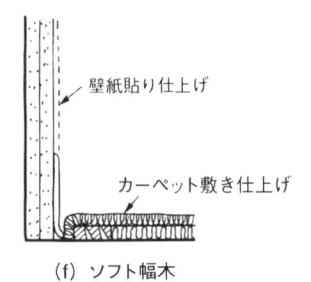

4.3 インテリアの天井仕上げ

インテリアを構成する床、壁、天井で、最も音を吸収して部屋の吸音をコントロールする部位が天井である。また、光をよく反射するので、明るい色の材料で天井を仕上げると、部屋を明るく広く見せたり、心地よく感じさせたりすることができる。

天井の高さは、より高いほうが生活空間としては快適である。また、建築基準法では天井高の下限を規定しており、居室の天井高は2100mm以上と定め、その他も建築種別でもその部屋の天井の高さを規制している。天井の形状には、平らな天井、傾斜天井、吹抜け天井などがある。その他、わが国の伝統的な和室にある船底天井や折上げ天井などがある。

天井仕上げの構法には、通常の躯体に取り付けた天井下地に各種仕上げ材を貼る、もしくは塗る構法と、木造やコンクリート造の躯体をそのまま仕上げる構法がある。この項では天井下地を設けて、それに仕上げ材を施工する工法について述べる。

4.3.1 天井下地の種類

天井下地を設けて天井を仕上げると、天井下地は構造体から吊り下げられて設けられるため、天井上に空隙ができる。その空間を設備配管や配線に利用することができて、断熱や上階からの騒音の軽減に役立つ。木造、コンクリート造、鉄骨造などのすべての建物に適用され、また、下地の種類には木下地、軽量鉄骨下地などがある。

(1) 木造天井下地

木下地は、木造建築だけでなく、コンクリート造、鉄骨造の建物にも用いられる。木造の場合には、梁から吊り木を下げて野縁を組み、野縁に天井貼りする。コンクリート造の場合は、コンクリートスラブにアンカーボルトを埋め込んで吊り木を下げ、野縁を組んで天井貼りを行う。

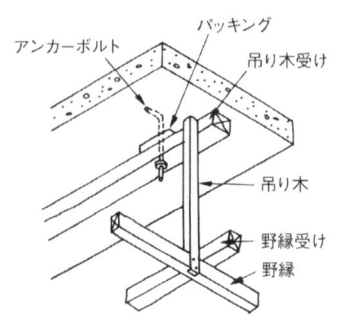

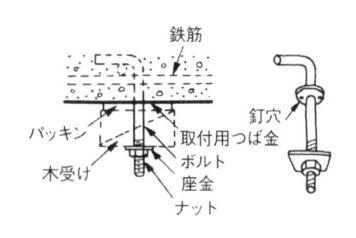

図4.42　木下地の骨組み

(2) 軽量鉄骨天井下地

　軽量鉄骨下地は、コンクリート造や鉄骨造の建物に使用される。コンクリート造の天井下地は、スラブに埋め込まれたインサートまたはアンカーボルトから吊りボルトを下げ、先端についたハンガーに野縁を取りつけて天井貼りを行う。オフィスビルなどでは、先述の下地を用いて照明、空調設備、防災設備を一体化したシステム天井が使用されている。

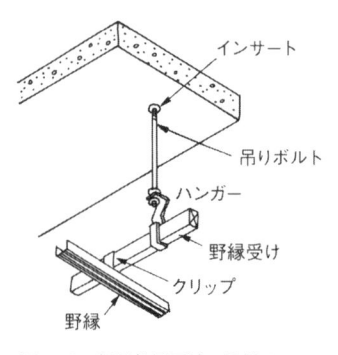

図4.43　軽量鉄骨下地の骨組み

4.3.2　インテリアの天井仕上げの施工

　天井仕上げ材のうち、ソフトデザインの材料としては、壁紙、木質系、ボード貼りの天井仕上げがある。ハードデザインには、金属板、塗り天井、吹付け天井および光天井などがある。

(1) 壁紙張り天井仕上げ

　天井の壁紙貼りは、一般的にボード類の下地の上に貼られる。下地は、野縁を格子状に組み、プラスターボードまたは合板を並べて釘打ちする。継ぎ目の納まりは、通常は突付け目地とするが、目透

図4.44　ボード下地壁紙貼り仕上げ

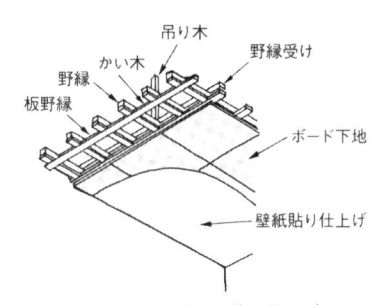

かし目地とする場合もある。突付け目地の場合は、ジョイント部分の目違いを修正し、パテで下地面を平滑に調整する。

壁紙の上貼りについては、「4.2.2（1）」を参照。

(2) 木質系張り天井仕上げ

木造天井には、板や合板を貼った打上げ天井のほか、和室に用いる竿縁天井やわが国の伝統的な格天井などがある

a. 打上げ天井

打上げ天井は、野縁に板材や合板を打上げ貼りするものである。板貼り打上げ天井の板材には、12〜15mm厚のむく板または縁甲板を用いて、野縁に潰し頭釘打ちで取りつける。板貼りのはぎ方には、突付け、合いじゃくり、本ざね、雇いざね、目板貼りなどがある。

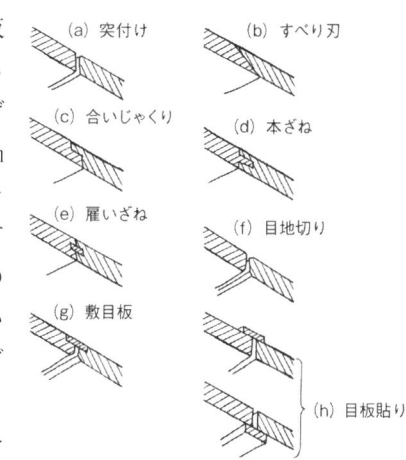

合板貼り打上げ天井の合板には、天然木化粧合板、プリント合板などが用いられる。下地は板貼りとは異なり、壁紙下地と同様に、格子状に組んだ野縁にプラスターボードや合板を打上げ接着貼りする。

図4.45　板貼りのはぎ目地

b. 竿縁天井と格天井

竿縁天井は、わが国の伝統的な和室で最も一般的に用いられる。天井板は、5〜10mm厚の杉板をすべり刃のはぎ方で貼るが、竿縁が天井板の下端に540mm間隔で現れる。竿縁の方向は、床の間に平行に掛け渡すのが約束事である。

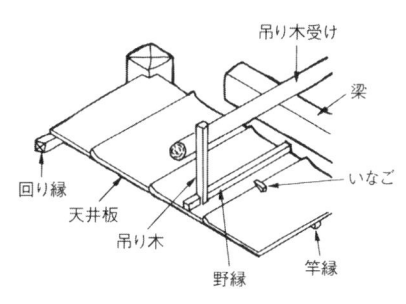

格天井には、平らな格天井、折上げ格天井、二重折上げ格天井など、格式の異なるものがある。格天井の

図4.46　竿縁天井

4.3　インテリアの天井仕上げ

構成は、格子状に組んだ格縁の上に鏡板を打ち止めし、全体を吊り支える構造となっている。

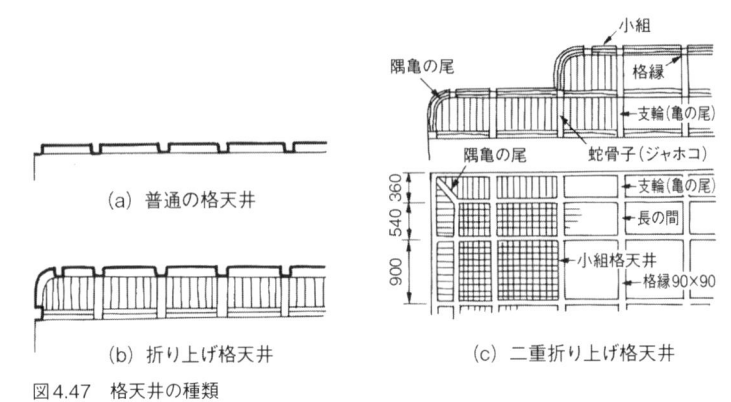

図4.47 格天井の種類

(3) ボード貼り天井仕上げ

天井貼りのボード類には、プラスターボード、岩綿吸音板、木毛セメント板などがある。これらのボードを貼るのは、打上げ天井とほぼ同様な工法で、ボード貼りの下地骨組には木製と金属製がある。骨組の構成は、吊りボルトや吊り木で支えた野縁受けに野縁を取りつけ、その野縁にボード類を釘打ちするか、鉄骨材で貼りつける。

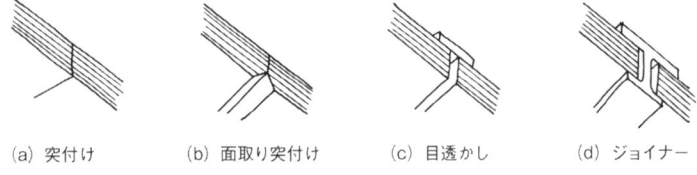

図4.48 ボード貼りの目地

a. プラスターボード貼り

天井貼りのプラスターボードには、下地用の普通ボードと仕上げ用の化粧ボードおよび吸音ボードがある。普通ボードは壁紙貼り、塗り天井、吹付け天井、岩綿吸音板貼りなどの下地用として用いられる。化粧ボードは表面が化粧加工された仕上げ材で、吸音ボードは吸音用の孔を全面に開けた仕上げ材である。

ボード貼りの下地は、格子状の野縁にボードを打ちあげて貼りつける。継ぎ目は突付けか、目透かしあるいは塩ビジョイナーな

どを用いた目地である。

b. 岩綿吸音板貼り

岩綿吸音板は、表面に色柄や凹凸模様をもった吸音板で、岩綿に接着剤を加えて加圧成型した450～600mmの天井仕上げ材である。下地骨組の野縁に直貼りする工法とプラスターボード捨て貼り下地に接着貼りする工法がある。

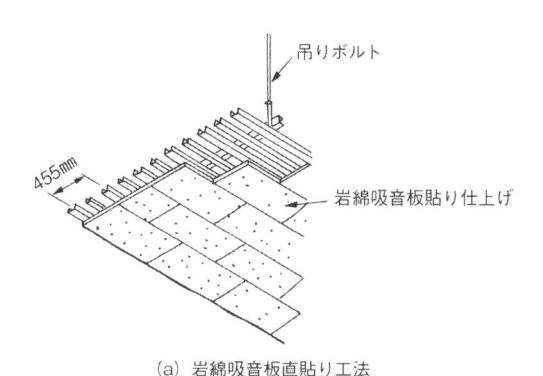

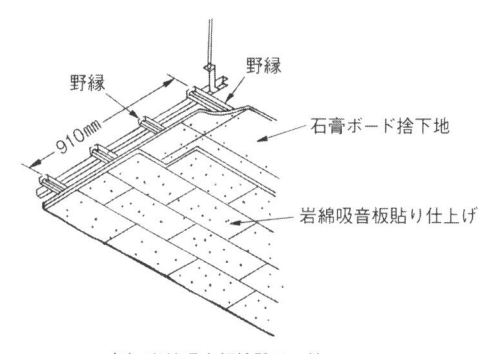

(a) 岩綿吸音板直貼り工法

(b) 岩綿吸音板捨貼り工法

図4.49　岩綿吸音板貼り仕上げ

(4) 光天井仕上げ

天井全面または一部が間接照明化されたのが光天井で、天井のふところに照明器具を均等に配列し、器具から離れた下面を乳白パネルなどで覆う構成になっている。パネルには、従来、透光性のよい板ガラスやプラスチックパネルが用いられてきたが、近年ではより軽量で危険の少ない塩化ビニル樹脂、さらにはガラス繊維膜などが一般的になった。

写真4.5　光天井

(5) 塗り天井、吹付け天井仕上げ

塗り天井には、セメントモルタル塗り、ドロマイトプラスター塗り、漆喰塗りなどがある。ともに金ごて仕上げで、継ぎ目のない連続面に仕上げることができる。コンクリート躯体に直接塗る場合と、下地を設けてその上に塗る場合がある。後者の場合、野縁にラスボードなどを貼って仕上げる。

塗り天井仕上げは、施工が悪いと自重で落下したり、はく離が生じたりするため、ラスボードなどにしっかり付着させ、中塗り、上塗りの順に仕上げていく。材料別の各工法については、「4.2.2(8) a.」参照。

吹付け天井には、軽量骨材吹付け仕上げなどがあり、断熱性、吸音性、防露性に富んでいるが耐久性には乏しい。継ぎ目のない粗面仕上げとなるが、下地コンクリートスラブに直接吹き付ける場合と、モルタル、プラスター、ボード類などの下地をつくって、その下地に吹き付ける場合とがある。

軽量骨材吹付けは、セメントまたはエマルジョン樹脂と軽量骨材を、水と混練したものを吹付け工法で施工する。合成樹脂エマルジョンシーラーを下塗りしたのち、上吹きを厚膜にして仕上げる。

(6) 回り縁

天井と壁とを見切るための縁木である。材質には、木製、アルミ製、プラスチック製などがある。仕上げ材の違う天井と壁とが交わる部分に様々な納め方がある。デザイン的に壁と天井の間に間接照明用のふところをつくったり、幕板でつくった間接照明によって見切る方法もある。

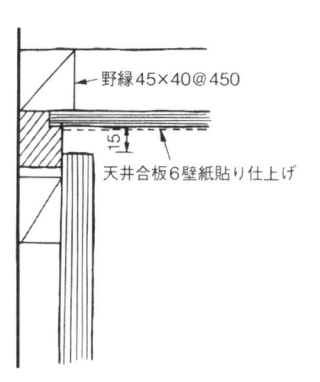

(a) 合板打上げ天井 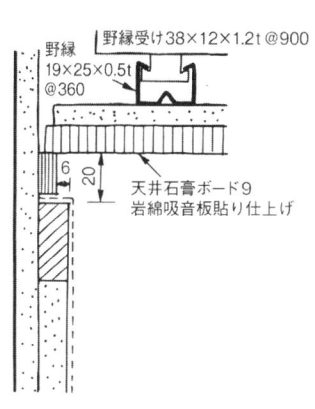　　(b) 岩綿吸音板打上げ天井

図4.50　木製回り縁

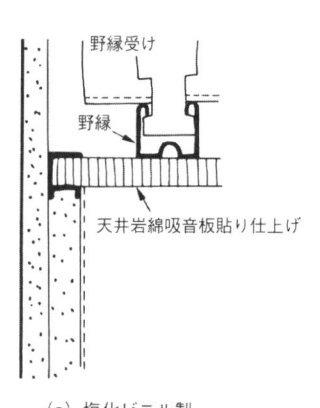

(a) 塩化ビニル製 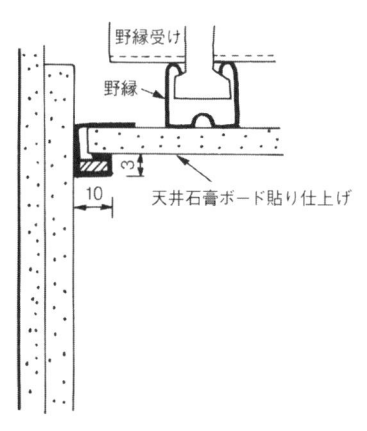　　(b) 塩化ビニル製（つなぎ材入）

図4.51　プラスチック製回り縁

第5章 インテリアのリフォームと維持管理

5.1 インテリアのリフォーム

　インテリアは、生活する人の家族構成やライフスタイルの変化に合わせて、つねに快適で便利に生活できるようにしておくことが望ましく、そのためには、適切な時期に模様替えや修繕、改装や増改築、あるいは部屋の用途変更などを行う必要がある。これらを総称してリフォームという。

　仕上げ材などの内装材料およびキッチン、浴室、トイレなどの設備機器にはそれぞれ耐用年数があり、計画的に補修や修繕もしくは取り替えることによって寿命を延ばすことができる。加えて、仕上げ材料や設備機器の機能的な性能を改良することによって、インテリアの快適性をより高めることもできる。

　さらに近年では、省エネルギー性能の強化や、ユニバーサルデザインのためのバリアフリー化を目的としたリフォームもきわめて重要になっている。住宅の内外装リフォームに関する主な項目は以下の通りである。

・外壁の補修、取替え

　長期にわたって徐々に劣化が進行する外壁の耐水性、遮音性、断熱性および損なわれる美観性に対して、適切な時期に修理や修繕などのメンテナンスを行い、30年を目途に取替え、更新を行う必要がある。

・仕上げ材料、インテリアエレメントの変更、模様替え

　計画的な補修や修繕と、耐用年数に応じた取替えを行うことによって、インテリアの寿命を延ばすことができる。また、家具、照明器具、カーテン、カーペット、壁装材などのインテリアエレメントを取り替えることによって、デザインイメージを変えることができる。

・キッチン、浴室、トイレなどの住宅設備、部品の補修や取替え

　設備機器は常時メンテナンスが重要であるが、耐用年数に伴う機能の低下に対しては、部品もしくは機器本体の取替えを行い、機能性とともに安全性と快適性を保つ必要がある。

・床面積を増やさずに間取りを変える（改装）

　生活する人の家族構成やライフスタイルの変化に合わせて、適

切な時期にそれぞれの部屋の用途を変更したり、部屋の広さや間仕切りを変えることによって、つねに快適で便利な生活を送ることができる。

・床面積を増やす（増築）

　戸建て住宅などでは、生活する家族の人数が増えたり用途が増えたりして、改装するだけではなく面積を増やして増築する場合がある。また、近年では少なくなった家族の人数に合わせてより使いやすくするため、面積を縮小したり2階建てを平屋にするなどの減築も行われることがある。

・耐震性能の強化（補強工事等）

　先述の改装や増築を行う場合、より新しい耐震基準に合わせて耐震診断を行い、耐震、制震、免震などの適切な構造補強を全面、もしくは部分的に行うことが好ましい。

・省エネルギー性能の強化

　天井および床下に断熱材を充てんしたり、サッシのガラスをペアガラスにするなど、断熱性や機密性を増すことによって外気から伝わる冷気が解消される。また、計画的な換気により各室の温度差をなくし、あわせて結露やカビの発生も防ぐことができる。これらの断熱、機密、換気の性能を強化することは、暖冷房のランニングコスト軽減だけでなく、インテリアの快適性を高めることもできる。近年では太陽光発電利用により、さらにランニングコストの軽減と環境に配慮したエネルギー利用ができるようになっている。

・バリアフリー対応

　年齢や障害の有無などにかかわらず、多くの人が利用できるようにデザインすることをユニバーサルデザインといい、1980年代に以下の七つの原則が提唱された。

①公平性：誰にでも利用でき、入手できること
②自由度：柔軟に使用できること
③単純性：使用方法が単純であること
④わかりやすさ：必要な情報が使用者に伝わりやすいこと
⑤安全性：つねに安全であり、使用方法を間違えても重大な結果にならないこと

⑥省体力：少ない力で楽に使用できること
⑦スペースの確保：使用するときに適度な広さがあること

　近年では、高齢化社会に向かって、特にこのユニバーサルデザインの考え方に基づくバリアフリー化が重要になっており、住宅のリフォームにおいても、機器や部材の交換だけでなく、段差の緩和や解消、出入口の幅、手すりの設置、建具や把手、寝室と水回り（トイレなど）の近接化、温熱バリアフリーなど、将来にわたってつねに、安全、快適、便利に生活できるように、総合的に検討することが必要になっている。

5.2　インテリア仕上げの維持管理

　インテリアの快適性と機能性を長く保つには、何よりもまず内装仕上げの保守メンテナンスをきちんと行い、常時リフレッシュしておくことが大切である。それにより、耐用性が長くなり、仕上げ材の美しさや住みやすさをいつまでも保つことができる。

　インテリアの汚れは早期に除去すれば簡単にきれいになり、仕上げ材の経年劣化を招かなくてすむものもある。床、壁、天井の汚れは、初期の段階でブラッシングもしくは中性洗剤などにより容易にきれいにすることが可能である。汚れや変色、経年劣化が進んでからの保守は容易ではなく、強力な洗剤や薬品類を使用してのメンテナンスは、方法を誤ると予期せぬ結果を招くことになるので注意しなければならない。

5.2.1　床仕上げのメンテナンス

　以下、カーペット敷き床、木質系貼り床、陶磁器質タイル貼り床、石や人造石貼り床、プラスチック系貼り床の保守やメンテナンスについて述べる。

（1）カーペット敷き床

　カーペットに付着する埃は、静電気の働きで部屋の隅に移動する特性がある。そのため、時間が経つとコーナーが黒ずんでくる。したがって、日常の清掃は部屋の隅のほうを重点的に行うとよい。カーペット敷込み後は次のように保守管理を行う。

①綿毛（遊び毛）：敷込み後しばらくの間は綿毛が出る。パイル糸の中の遊び毛が歩行などにより擦れてむだ毛として表面に抜け出るためであるが、しばらくの使用で発生はなくなる。
②パイル糸の飛び出し：使用中パイル糸が飛び出すことがあるが、その場合は糸を引っ張り出さずに、パイル糸の長さに揃えて切っておくとよい。
③押し潰されたパイル糸：家具の重みによって押し潰されたパイル糸が寝てしまった場合、ぬるま湯でパイル糸をやわらかくしたのちにドライヤーで乾燥させると、繊維の復元力でパイル糸が立ってくる。
④退色：カーペットは直射日光が当たると変色して退色しやすい。退色を防ぐためには、ブラインドやカーテンで遮光し、直射日光をできるだけ避けたほうがよい。色相の中でも、淡色と青色は耐光堅牢度が弱く退色しやすい。
⑤防虫、防カビ：湿度の高い季節には、カーペットが帯湿しないよう注意する。通風換気に留意して部屋に湿気がこもらないようにしたい。カーペットはつねに乾燥した状態を保てば、虫害やカビの発生を防ぐことができる。

(2) 木質系貼り床

フローリング、縁甲板、パーケットフロアなどの木製床は、オイルフィニッシュやワックスもしくはラッカーなどの仕上げがされている。通常は以下のように管理する。
①日常の手入れは、塵や埃を払い、空拭きとする。
②汚れた場合、中性洗剤で少しずつ洗い落とし、軽く水拭きしたのちに乾燥させてワックスを塗布する。

(3) 陶磁器質タイル貼り床

床に使用されるタイルは磁器質または炻器質であり、摩耗に強く吸水性も少ない。一般的に、タイル床は壁際やコーナーが汚れやすく、また、目地が黒ずんでくるのが特徴なので、以下のように管理を行う。
①日常の手入れはブラシなどで水洗いする。ただし、防水下地でない場合は、水洗いではなく、硬く絞ったモップや雑巾で清掃する。

写真5.1
タイル貼り床のカフェ

②汚れの著しい場合には、中性洗剤で汚れを落としたのち、水拭きする。
③タイル目地が汚れて黒ずんできたら、塩素系漂白剤を用いて汚れを落としたのち、水洗いする。

(4) 石や人造石貼り床
　石や人造石貼り床の表面は、磨き仕上げまたは粗面仕上げされている。通常は以下の管理を行う。
①日常の手入れはごみを払って空拭きする。
②汚れた場合はモップか濡れた雑巾などで水拭きするが、その後すぐに水分を拭き取っておく。
③大理石は比較的軟質で吸水性があるので、硬く絞った布で汚れを落としたのち、やわらかい布で素早く湿気を拭き取っておく。ブラシなどでこすると表面にキズがつきやすく、色つやをなくすので注意する。
④油類をこぼしたときには、乾いた布に素早く吸い取らせたのち、揮発油で拭き取る。

(5) プラスチック系貼り床
　プラスチック系貼り床には、塩化ビニル系、ゴム系、油脂系などがあり、貼り床施工後にワックス仕上げが施される。
①日常の手入れは、掃除機などでごみを取り、乾いた布で空拭きする。
②汚れた場合には、水拭きするか中性洗剤を薄めた液で汚れを落とし、薄くワックスを塗る。
③ベンジンなどを使用すると、周囲が変色したり、目地から浸み込んで接着剤が溶けてはく離の原因になるので、注意する。
④水や結露水をそのまま放置すると裏側に回ってはく離の原因になるので、水分はすぐに拭き取る。

5.2.2　壁仕上げと天井仕上げのメンテナンス

　壁や天井仕上げでは、壁紙貼り、木質系貼りの壁や天井、陶磁器質タイル貼り、石貼り、ガラス貼りの壁、塗装の壁や天井の保守メンテナンスについて述べる。

(1) 壁紙貼り壁、天井

　壁紙貼り仕上げには、塩化ビニル、紙、織物、木質系、無機質系などの材料が使用される。一般に、塩化ビニル壁紙と木質系壁紙には多少耐水性があるが、他の壁紙では水湿系のメンテナンスは要注意である。

①日常の清掃は、羽根ぼうきなどで細かい埃を落とす。
②紙壁紙や織物壁紙の汚れは、シリコン含浸布で軽く拭き取るか、ナイロンストッキングを束ねたもので拭き取ると、静電気作用で埃をきれいに取り除くことができる。
③塩化ビニル壁紙や木質系壁紙の汚れは、中性洗剤を薄めた液で落としたのち、水湿布で洗剤を拭き取る。
④無機質系壁紙のうち、ひる石や金属箔壁ははたきなどで埃を落とす程度とし、水や洗剤によるメンテナンスはしない。

(2) 木質系貼り壁、天井

　木質系貼りの壁と天井には、天然木化粧合板、合成樹脂化粧合板、プリント合板および杉、桧などの板貼りがある。板貼りについては、ラッカー仕上げ、オイルステイン仕上げ、ワックス仕上げなどが施される。

①通常の手入れは、羽根ぼうきなどで表面の埃を落とし、空拭きする。
②軽い汚れは中性洗剤、またはシリコン含浸布で拭き取る。
③天然木化粧合板の一般的な保守は、専用ワックスを布に少量つけて木目に吹き込む。そうすることで、木目の美しさと塗膜が保護され、色やつやを保つことができる。
④杉、桧などの板貼り仕上げの場合は、当初からワックス仕上げが施されているので、通常の手入れは空拭きでよい。汚れたときには、中性洗剤を薄めたぬるま湯に浸し硬く絞った布で、木目方向に拭いて汚れを取る。その後、手早く温湯布で洗剤を拭き取り、ワックスをかける。

(3) 陶磁器質タイル貼り壁

　タイル壁には、一般的に陶器質の内装タイルが用いられる。タイルは長年使用すると埃がたまり、目地部分が黒く汚れてくる。

①通常の手入れは濡れ雑巾で拭くか、またはブラシで水洗いする。

②汚れのひどい場合には、中性洗剤で汚れを落としたのち、水洗いする。
③タイル目地の汚れは、塩素系漂白剤を用いてブラシ洗いしたのち、水洗いする。

(4) 石、人造石貼り壁

　石貼り壁には、大理石貼り、花崗岩貼り、テラゾーブロック貼りなどがあり、一般的に施工仕上げ直後にワックス仕上げされる。
①日常の手入れは表面の埃を払い、空拭きとする。
②軽い汚れは水拭きするが、あとは手早く乾いた布で水分を拭き取る。

(5) ガラス貼り壁

　ガラス貼り壁には、カラーガラス貼り、鏡貼り、結晶化ガラス貼りなどがある。
①通常の手入れは、やわらかい布で空拭きし、埃を払っておく。
②軽い汚れや油汚れは、ガラスクリーナーで落とし、やわらかい布で空拭きする。

(6) 塗り壁と塗り天井

　塗り壁仕上げの種類は多いが、ここではプラスター塗りと漆喰塗りの壁と天井の保守メンテナンスについて述べる。空気中の微細な埃は、壁だけではなく天井にもつきやすく、白いプラスター塗りや漆喰塗りの壁や天井が黄色く変色したり、しみになったりすることが多い。
①日常の手入れは、羽根ぼうきなどで埃をよく落とし、つねにきれいな状態を保つことが肝要である。
②汚れた場合は、目の細かいサンドペーパーやスチールウールを軽くかけて汚れを擦り落とす。
③プラスター塗り下地にペイント仕上げの場合の汚れは、中性洗剤を薄めた液で汚れを落としたのち、温湿布で仕上げ拭きをする。

(7) 塗装壁と塗装天井

　ボード類やプラスター塗りの上に、塗装仕上げした壁や天井のメンテナンスは、先述のプラスター塗りと漆喰塗りに準ずるが、ペイント塗装の場合、汚れが著しいときには塗替えをすることが

できる。
①通常の手入れは埃をよく払っておく。
②軽い汚れは中性洗剤を薄めたぬるま湯で拭き取る。
③汚れのひどい場合には、壁または天井全面を同種のペイントで塗り替え、上塗りして補修する。

5.3 バスルームの維持管理

近年、サッシ性能の向上などにより、室内の気密性能が上がっている。そのため、浴室・脱衣室、洗面・トイレには湿気がこもりがちになるので、特に室内換気は重要となっている。浴室に湿気を残すと、壁や天井に水滴が付着し、それがもとでカビが発生して黒ずんだシミになったり、木部や金属部の腐食、塗装面のはく離の原因になったりするので、日常の通風換気に注意することが大切である。

写真5.2
タイル貼りの浴室

5.3.1 バスルームのメンテナンス

浴室は常時換気に注意し、湿気が残らないようにする。また、浴室に隣接した脱衣スペースには、浴室から湯気が漏れないように、浴室と脱衣室間の壁や扉に換気ガラリを設けないほうがよい。

(1) 浴室の換気

浴室はできるだけ外部に面するように配置することが望ましいが、集合住宅などでは必ずしもそうなっていない場合もある。
①浴室が外壁に面している場合には、天井近くの高い位置に開口ガラリを設け、つねに換気できるようにする。
②浴室が外壁に面していない場合には、入浴時から換気扇などで湯気を機械的に強制排気する必要がある。

(2) 浴室の保守

在来工法による浴室は、床や壁がタイルや石貼り仕上げの場合が多く、防水下地になっているのが一般的である。天井は、ボード下地に塗りまたは塗装仕上げの場合が多い。

浴槽の種類には、木製、ポリエステル製、ほうろう製、人工大理石製、タイルや石貼りなどがあり、以下の方法で保守メンテナ

ンスを行う。また、蛇口や手すりなどの金属部分は、日頃からよく汚れを落とし磨いておくことが望ましい。
① 石貼りの床や壁は日頃からブラシなどで水洗いし、つねに汚れを落として清潔に保ちたい。
② タイル貼りの床や壁は常時水洗いして清潔に保つ。軽い汚れには中性洗剤を用いるが、目地に発生するカビ汚れには、塩素系漂白剤を用いて清掃する。
③ 日常の浴槽の清掃は、スポンジに合成洗剤をつけて汚れを落としたのち、水洗いする。タワシや磨き砂の使用は浴槽表面を傷つけるので避けたい。ほうろう浴槽は、傷をつけると錆が出る恐れがあるので特に注意が必要である。

5.3.2　洗面所とトイレのメンテナンス

　洗面所やトイレの床仕上げには、木質系床材、プラスチック系床材およびタイルや石貼り仕上げなどがある。

（1）床の保守

　洗面所やトイレの床には、排水口や防水下地が施されている場合と、施されていない場合がある。
① 排水口や防水下地が施されている場合、清掃は水洗いまたは拭き掃除とする。排水目皿は長期間水を流さないと、排水トラップ内の封水の水が蒸発して下水内の臭気が逆流することがあるので、水を流してつねに封水状態を保つ必要がある。
② 排水口や防水下地が施されていない場合、清掃は水洗いを避けて濡れたモップや雑巾などで拭き取るとよい。

（2）便器の清掃

　水洗便器は排水口付近が特に汚れやすい。
① 通常の清掃は、把手のついたブラシを用いて水洗いする。
② 著しい汚れの場合は、合成洗剤で汚れを洗い落としたのち、水で洗い流すとよい。

第6章 インテリアの法規

インテリアを充実させて安全で快適な生活を送るためには、多くの規制（きまり）が必要であり、この規制が法律である。建物に関する法律には、建築基準法のほか、消防法や都市計画法などがあり、これらの法律に基づき、都道府県などが定める建築関係条例もある。これら法律等にしたがって設計を行わないと建築できない場合や、建築しても使用中止命令が出される場合があるので、事前に法規をチェックしておくことが大切である。

6.1　外壁の窓、ガラリや出入口の開口

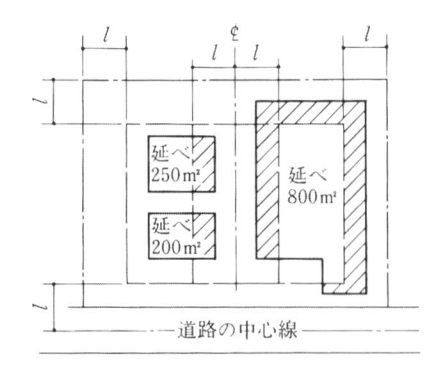

6.1.1　延焼のおそれのある部分（法第2条第6項）

　延焼には、隣接の建物からと、自己の建物火災による他の建物への延焼とがある。延焼のおそれのある部分の措置として、耐火建築物や準耐火建築物の外壁開口部には、防火戸の設置をしなければならない。

　また、防火地域および準防火地域の耐火建築物および準耐火建築物以外の建物の開口部で、延焼のおそれのある部分には防火戸を設置しなければならない。

〔注〕
l：1階では3.0m、2階以上は5.0m、斜線部分は計画建築物の延焼のおそれのある部分を示す。
なお、同一敷地内に2以上の建物の延べ面積の合計が500m²以内の場合は、一つの建物とみなす。

図6.1　延焼のおそれのある部分

6.1.2 有効採光開口（法第28条、令第19条）

　採光は、住宅、学校、病院などの建物の居室に義務づけられている。住宅の居間、寝室、キッチンなど、人が作業、就寝、団らんする部屋を居室といい、室内に陽光を入れるために、採光上有効な部分の開口部を居室の床面積の1／7以上設けるように定められている。

　住宅居室としての地階の利用には、壁および床の防湿措置、その他衛生上必要な政令で定める技術基準に適合していなければならない。

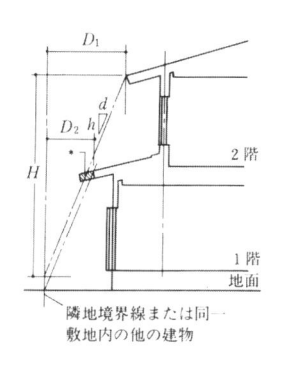

〔住宅の採光開口〕
居室の床面積の窓などの開口面積の割合は1/7以上.

$$\frac{開口面積}{1室の居室の床面積} \geq \frac{1}{7}$$

天窓の開口は3倍あるものとする.
ふすまなどで開放できる2室は1室とみなす. 縁側(ぬれ縁を除く)に面する開口は、7/10を乗じたものとする.

　　住居系地域…4/10以上　工業系地域…2.5/10以上
　　商業系地域ほか…2/10以上
　　ただし、工業系および商業系ほかの地域は D_1 または D_2 が5m以上はすべて有効.

〔注〕1階、2階ともに有効採光開口が必要な場合には、1階の屋根の出っ張りを少し短くしなければならない（＊印の部分を短くおけばよい）.

図6.2　有効採光開口

6.1.3　換気のための開口（法第28条第2項）

　居室の換気は、人の呼吸、喫煙、発汗などの汚染による室内環境の悪化を防止するために規定されたものである。換気開口は、窓、扉、ガラリなどをさし、居室の床面積の1／20以上の開口面積が必要である。また、火気使用室では、有効な位置に2カ所設置しなければならない。

6.1.4　隣地境界線に接近した窓（民法第234～236条）

　民法では、建築物の外壁は隣地境界線から50cm以上離して建てなければならない。また、隣地境界線より1.0m未満の距離の窓で隣地の宅地が見える場合は、窓に目隠しをつけなければならない。

6.2 建物内の仕切り壁の規定

戸建て住宅以外の長屋の住宅や共同住宅の住戸の戸境壁には、防火上有効な壁や遮音性の高い壁の設置が義務づけられている。

6.2.1 防火上有効な壁の規定（令第114条）

長屋や共同住宅の各戸の壁（界壁）は、火災が隣の住戸や住室に延焼しないように耐火構造または防火構造にし、天井裏や小屋裏まで延ばさなければならない。

また、建築面積が300㎡以上の住宅で小屋組が木造の場合は、桁行き間隔が12m以内ごとに、小屋組に耐火構造または両面を防火構造とした隔壁を設けなければならない。

6.2.2 遮音上有効な壁の規定（令第22条の2）

長屋や共同住宅はそれぞれ独立した家族の集まりなので、各戸の界壁は遮音上有効な壁で小屋組または天井裏まで延ばしておかなければならない。なお、遮音上有効な構造は同条に定められている。

6.2.3 防火区画

火災の拡大防止のために一定面積以内に耐火構造の床、壁で区画（防火区画）を設けなければならない。耐火建築物および任意に準耐火建築物にした場合は、床面積が1500㎡以内ごとに防火区画（出入口などの開口部は甲種防火戸）を設けなければならない。

また、耐火建築物または準耐火建築物（法第2条第9号の3のイ）で、地階または3階以上の階に居室がある場合には、吹抜けの部分、階段の部分、住戸の部分（階数が2以上に限る）などに、他の部分と防火区画（出入口などの開口部は乙種防火戸）を設けなければならない。

しかし、避難階（通常は1階）の直上階（2階）または直下階（地階）に通ずる階段や吹抜け部分は、下地、仕上げとも不燃材料にすれば区画は不要である。階数が3以下で延べ面積200㎡以内の1戸建て住宅または長屋の住戸の吹抜けや階段部分では、防火区画は不要である。

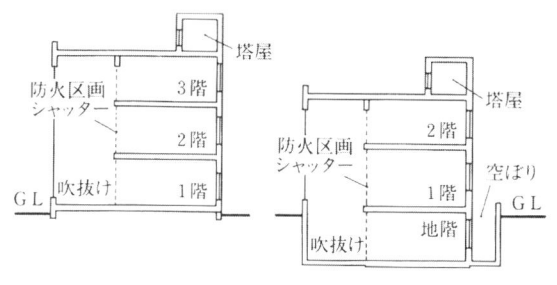

(a) 地上3階建て　　(b) 地下1階地上2階

[防火区画の緩和規定]
対象建物…延べ床面積が200 m² 以内．
　　　　　一戸建ての住宅または長屋の住戸．
緩和部分…吹抜けの部分，階段の部分．
該当法令…令第112条第9項第2号

図6.3　竪穴区画のある構造の場合の防火区画

6.3　一般構造

6.3.1　居室の天井高さと床の高さ

　居室の天井高さは、その室内で生活する人の作業動作上および健康上、衛生上の見地から、最低の高さを2.1 m以上とするように定められている。天井の高さは床面から測り、1室で天井の高さが異なる場合は、平均の高さとする。

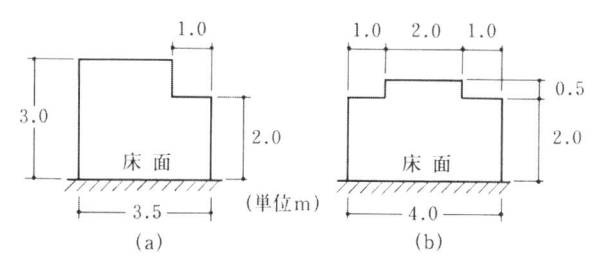

(a)の場合
$$\frac{3.0 \times (3.5 - 1.0) + 2.0 \times 1.0}{3.5} = \frac{7.5 + 2}{3.5} = \frac{9.5}{3.5} \fallingdotseq 2.72 \text{ m}$$

(b)の場合
$$\frac{4.0 \times 2.5 - (1.0 \times 0.5) \times 2}{4.0} = \frac{10.0 - (0.5 \times 2)}{4.0} = \frac{9.0}{4.0} = 2.25 \text{ m}$$

図6.4　天井高さの算定例

6.3.2　階段（令第23条）

　階段の幅と踊り場の幅は同じ寸法とし、直階段の踏み幅は、階段の幅に関係なく1.2m以上と定められている。階段の幅員および蹴上げ、踏み面の必要寸法は図6.5、表6.1の通り。

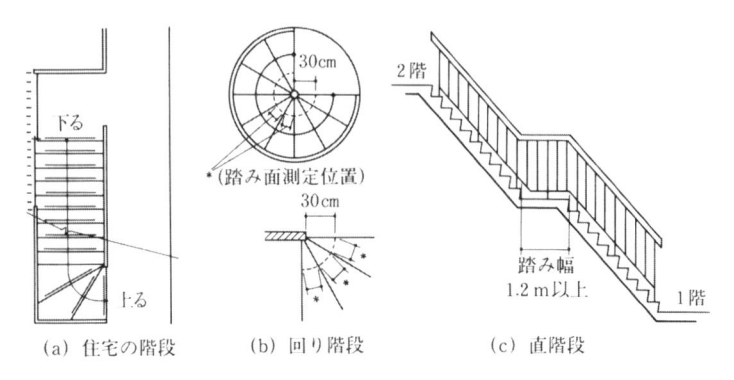

(a) 住宅の階段　　(b) 回り階段　　(c) 直階段

図6.5　階段および踊り場

表6.1　階段の蹴上げ、踏み面および幅員

		直上階の居室の床面積の合計（m²）	階段および踊り場の幅員（cm）	蹴上げ(cm)	踏み面(cm)	備　考
共同住宅		200をこえる	120以上	20以下	24以上	踏み面 蹴上げ
		200以下	75以上	22以下	21以上	
住宅		—	—	23以下	15以上	

〔注〕　住宅金融公庫の利用や住宅・都市整備公団の建築物の場合は上表と異なる場合があるので、注意すること。

6.3.3　2以上の階段（令第121条）

　災害時、階段付近が火災などで避難できなくなると大きな事故につながる恐れがあるので、避難階以外に居室がある場合は、階数や床面積など規模によって2以上の階段が必要になる。しかし、共同住宅などで6階以上の階に居室がある場合でも、その階の居室床面積が200m²以下で、避難上有効なバルコニーや外部避難階段および特別避難階段が対称の位置に設けられている場合は、階段の数は1でよい。

　また、耐火建築物の事務所で、その階の居室の各部分から階段までの歩行距離が50m（内装の仕上げを準不燃材料以上は60m）以上の場合は、階段は2カ所以上必要になる。

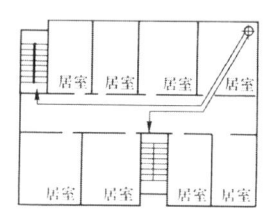

(1) 2以上の階段が必要な場合，2階以上の階の居室の床面積の合計による．
① その階の居室の床面積の合計が200 m²をこえる（木造の場合は100 m²をこえる）．
② 地上6階以上の階に居室がある場合．
(2) 2階（避難階の直上階）の居室の床面積の合計が400 m²（木造の場合は200 m²）以下の場合は，階段が1か所でもよい（令第121条第5号ロ）．
→ 階段までの歩行距離（50 m以内）．
なお，居室，廊下や階段などの壁（床から1.2 m以下は除く），天井を準不燃材料以上にすると60 m以内にすることができる．
= 重複距離（上記の歩行距離の1/2以下にする）．

図6.6　2以上の階段が必要な場合

6.3.4　廊下の幅（令第119条）

その階の共同住宅の住戸または住室の床面積の合計が200 m²を超える2階以上の階で，両側に居室がある場合は共用の廊下の幅員を1.6 m以上に，また，片側のみに居室がある場合は1.2 m以上にする．地階に居室がある場合は，その床面積が100 m²未満も同じとする．

6.3.5　排煙設備（令第126条の2，3）

火災時に煙の充満を招かないため，一定規模以上の建物には外壁に排煙のための開口を，床面積の1／50以上，天井面から50～80cm，および居室，室の各部分から30 m以内に設けなければならない．

排煙設備の必要な規模の建物は以下の通りである．
① 階数が3以上で床面積の合計が500 m²以上
② 共同住宅で床面積の合計が500 m²以上
③ 排煙開口がない居室
④ 延べ床面積が1000 m²を超える建物の居室でその床面積が200 m²を超えるもの

ただし，31 m以下の部分にある共同住宅の住戸を耐火構造の床，壁または乙種以上の防火戸で200 m²以内に区画した場合は，排煙設備を設けなくてもよい．

また，階数が2以下で延べ床面積が200 m²以下の住宅，または床面積の合計が200 m²以下の長屋の住戸の居室で，床面積の1／20以上の換気上有効な窓などの開口を設けた場合は，排煙設備は不要である．

6.3.6　内装制限（令第128条の3の2～第129条）

　火災により、火元の近くにある可燃の壁や天井の仕上げ材料、カーテンなどに最初に火が点いたとき、燃え続けると燃焼による分解が起こり、ガスが発生する。そのガスが限界温度になると、急に爆発的な燃焼（フラッシュオーバー）が起こり、室内に人がいると酸欠で死亡することがある。そのために、室内に面する壁や天井の仕上げを不燃材料や準不燃材料、難燃材料にすることにより、火災が拡大しても煙の発生を抑え、安全に避難できる構造にすることが定められている。

　階数が2以上の住宅で、耐火構造以外の建物の1階に設けた火器使用室（調理室や浴室、こんろ、ストーブや暖炉などのある部屋）の室内に面する壁や天井の仕上げ材料は準不燃材料にしなければならない。ただし、火気使用室と他の部分とを天井から50cm以上の不燃材料の垂れ壁で区画すれば、他の部分に内装制限は及ばない。内装制限は、特殊建物の規模とその他の建物の階数と延べ床面積によっても定められている。

　耐火建築物の共同住宅では先述の規模によるほか、3階以上の部分の床面積の合計が300㎡以上、準耐火建築物では2階以上の部分の床面積の合計が200㎡以上の場合には、居室の壁や天井の室内に面する部分の仕上げを難燃以上、および居室から地上に通ずる廊下、階段の差、天井の室内に面する部分の仕上げを準不燃材料にしなければならない。

　共同住宅の住戸で31m以下の部分を200㎡以内ごとに防火区画すれば、先述の内装制限の対象になることはない。なお、内装制限はスプリンクラー設備、水噴霧消火設備、泡消火設備、その他これらに類するもので自動式のものと排煙設備を設けた建物の部分については適用されない。

表6.2　規模による内装制限

規　模	室内に面する部分の仕上げ
3階以上で延べ面積＞ 500 m² 2階で　　延べ面積＞1000 m² 1階で　　延べ面積＞3000 m²	壁……難燃材料以上（床面より1.2mの部分を除く） 天井…難燃材料以上

〔注〕　階段、廊下は上記1.2mの部分も制限を受ける．

《資料提供・協力》

旭硝子㈱
㈱アドヴァン
㈱アルフレックス・ジャパン
㈱INAX
㈱イリア
㈱エービーシー商会
㈱カッシーナ・ジャパン
㈱川島織物セルコン
㈱カンディハウス
㈱サンゲツ
住江織物㈱
立川ブラインド工業㈱
電気硝子建材㈱
㈱TOTO
トーヨーキッチンアンドリビング㈱
㈱ドゥカーレ
ノール インターナショナル
パナソニック㈱
マナトレーディング㈱
㈳インテリア産業協会

《参考文献》

「インテリア大事典」小原二郎（編・代表）、壁装材料協会、1988
「内装仕上げのデザインと材料」内堀繁生、鹿島出版会、1992
「住居設計論」内堀繁生、理工学社、1994

著者略歴

内堀繁生（うちぼり・しげお）
1954年千葉大学工学部建築学科卒業。セゾングループに在職中、バウハウスのコレクションで著名なノールデザインを日本に紹介する。鹿島建設インテリアデザイン部長、千葉大学講師、大妻女子大学教授を歴任。現在、生活デザイン研究所代表。

中村嘉樹（なかむら・よしき）
1984年千葉大学大学院室内計画研究室修了。同年カジマデザイン、1987年イリア、1991年カジマデザインヨーロッパ、1993年イリアを経て、2009年より久米設計インテリア設計部専門部長。

インテリアの基礎知識シリーズ
インテリアデザインの基礎知識

発行：2010年3月19日　第1刷

著者：内堀繁生・中村嘉樹
発行者：鹿島光一
発行所：鹿島出版会
〒104-0028　東京都中央区八重洲2丁目5番14号
電話 03-6202-5200　振替 00160-2-180883
DTPオペレーション：田中文明
カバーデザイン：工藤強勝／デザイン実験室
印刷・製本：三美印刷

©Shigeo Uchibori, Yoshiki Nakamura, 2010 Printed in Japan
ISBN978-4-306-03353-5　C3052
無断転載を禁じます。落丁・乱丁本はお取替えいたします。

本書の内容に関するご意見・ご感想は下記までお寄せください。
URL：http://www.kajima-publishing.co.jp
E-mail：info@kajima-publishing.co.jp